中国自驾游

辽宁 吉林 黑龙江

『中国自驾游』编写组 编写

中国地图出版社
北京

图例

行政区划

- 北京 …… 中国首都
- 平壤 …… 外国首都
- 沈阳 …… 省级行政中心
- 大连 …… 地级行政中心
- 延吉市 …… 自治州行政中心 地区、盟行政公署
- 北票 …… 县级行政中心（外国主要城市同）
- 高岭 …… 乡、镇、街道、村

旅游资源

- …… 世界遗产
- 5A …… 国家5A级旅游景区
- …… 国家级风景名胜区
- …… 国家级自然保护区
- …… 其他景点
- …… 就餐和饮品
- …… 住宿
- …… 商场
- 1 葫芦岛市 …… 主要途经点
- ◆ 红海滩 …… 途中亮点

交通

- …… 高速铁路
- …… 铁路
- G15 G15 …… 高速公路
- G228 G228 …… 国道
- S312 S312 …… 省道
- …… 县乡道
- 庄林线 …… 自驾线路
- …… 环线
- …… 街道
- …… 地铁、轻轨
- 桃仙机场 …… 机场
- 大连站 …… 火车站

境界

- …… 国界
- 未定 …… 省级界
- …… 地级界

水系和其他

- …… 常年河
- …… 时令河
- …… 湖泊
- …… 时令湖
- …… 运河
- ▲望天鹅 2051 …… 山峰及高程（米）
- …… 长城
- …… 盐田
- …… 城墙
- …… 桥
- …… 公园、绿地

目录

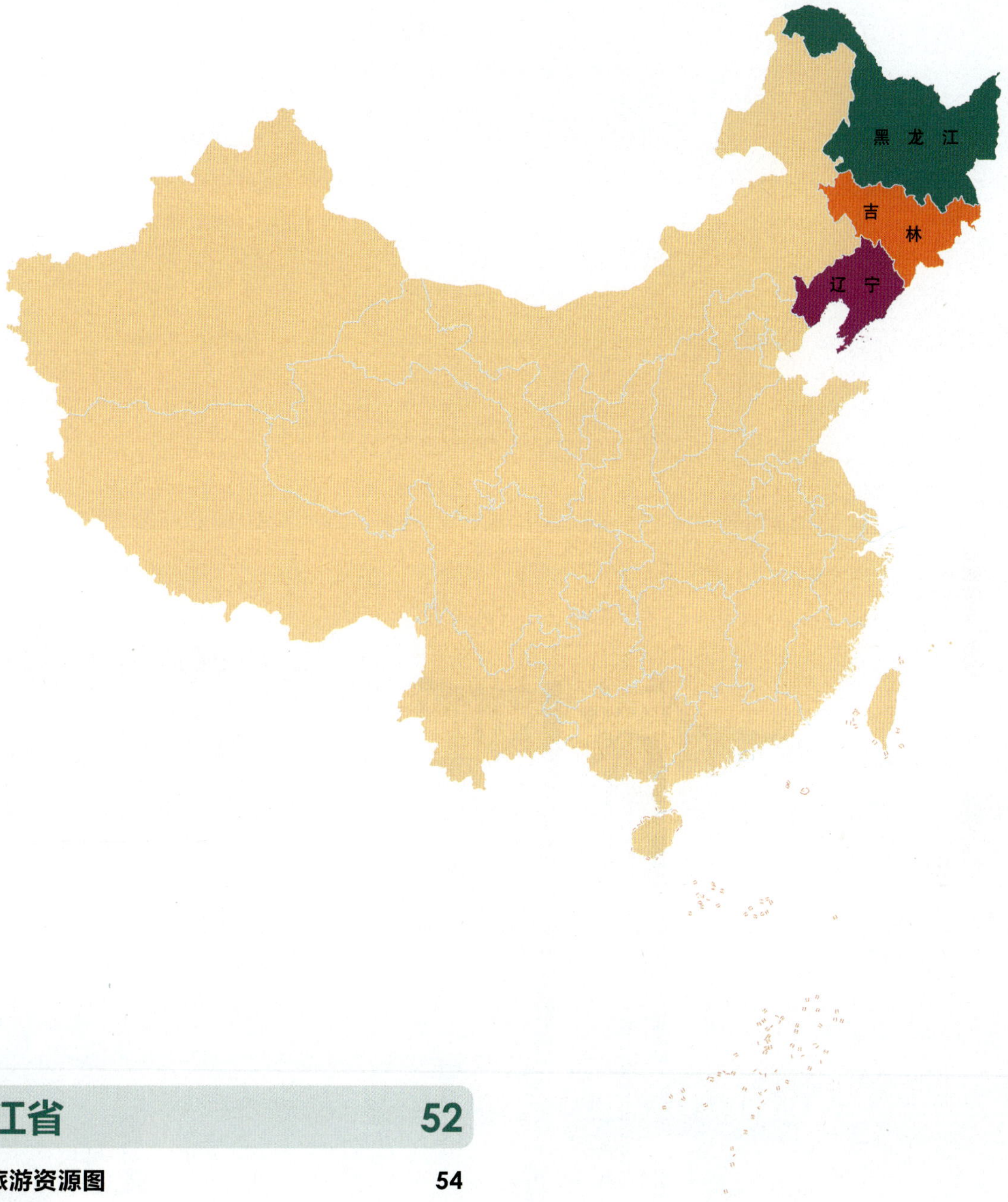

星海湾大桥

辽宁省

▲星海湾跨海大桥

辽宁旅游资源图

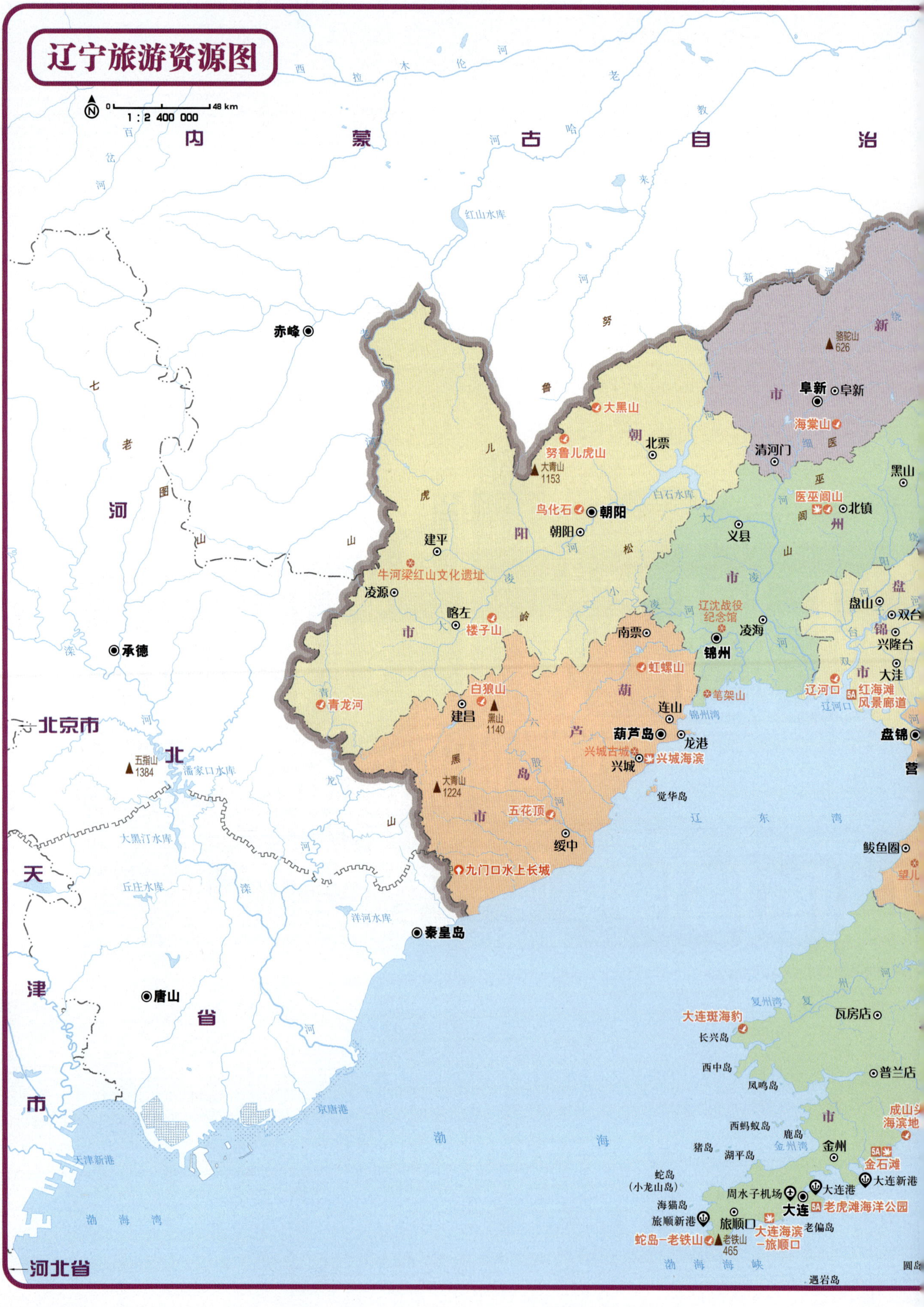

1：2 400 000
0
48 km
内蒙古自治
西拉木伦河
老哈河
教来河
红山水库
新开河
努鲁儿虎山
七老图山
赤峰
承德
河北省
北京市
天津市
唐山
秦皇岛
五指山 1384
潘家口水库
大黑汀水库
丘庄水库
洋河水库
京唐港
天津新港
渤海
渤海湾
辽东湾
锦州湾
复州湾
金州湾
渤海海峡
朝阳市
朝阳
北票
建平
凌源
喀左
大黑山
大青山 1153
鸟化石
牛河梁红山文化遗址
楼子山
青龙河
白石水库
葫芦岛市
葫芦岛
建昌
白狼山
黑山 1140
大青山 1224
南票
虹螺山
连山
龙港
兴城
兴城古城
兴城海滨
觉华岛
五花顶
绥中
九门口水上长城
锦州市
锦州
义县
北镇
黑山
凌海
医巫闾山
辽沈战役纪念馆
笔架山
阜新市
阜新
骆驼山 626
海棠山
清河门
盘锦市
盘山
双台
兴隆台
大洼
盘锦
辽河口
红海滩风景廊道
营
鲅鱼圈
望儿
瓦房店
普兰店
大连斑海豹
长兴岛
西中岛
凤鸣岛
西蚂蚁岛
猪岛
鹿岛
湖平岛
金州
成山头海滨地
金石滩
大连新港
大连港
周水子机场
大连
老虎滩海洋公园
蛇岛（小龙山岛）
海猫岛
旅顺新港
旅顺口
大连海滨－旅顺口
蛇岛－老铁山
老铁山 465
老偏岛
遇岩岛
圆岛

区
吉林省
四平
辽源
西丰
昌图
康平
章古台
法库
开原
清河
清河水库
调兵山
蒸汽机车博览园
银冈书院
铁岭
银州
柴河水库
榛子岭水库
莫日红山
1013
清原
白山
通化
新宾
新民
抚顺
沈阳市植物园
清昭陵
清福陵
沈阳故宫博物院
望花
沈阳
桃仙机场
苏家屯
大伙房水库
清永陵
赫图阿拉城
辽中
台安
灯塔
本溪
东京陵
广佑寺
辽阳
宏伟
玉佛苑
鞍山
千山
弓长岭
汤河水库
本溪水洞
观音阁水库
平山
本溪
非菜顶子
1254
南芬
老秃顶子
1325
老秃顶子
高句丽王城、王陵及贵族墓葬
桓仁
桓仁水库
花脖山
1336
青山沟
白石砬子
四方顶子
1270
宽甸
黑山
1181
海城
老边
大石桥
绵羊顶子山
1045
岫岩
步云山
1130
仙人洞
转角楼水库
凤城
凤凰山
振安
鸭绿江
振兴
丹东
东港
鸭绿江口滨海湿地
小鹿岛
大鹿岛
鸭绿江口
庄河
石城岛
大王家岛
石城列岛
大长山岛
长海
小长山岛
乌蟒岛
里长山列岛
群岛
鹿岛
獐子岛
海洋岛
外长山列岛
黄海
西朝鲜湾
大同江口
朝鲜
平壤

辽宁交通图

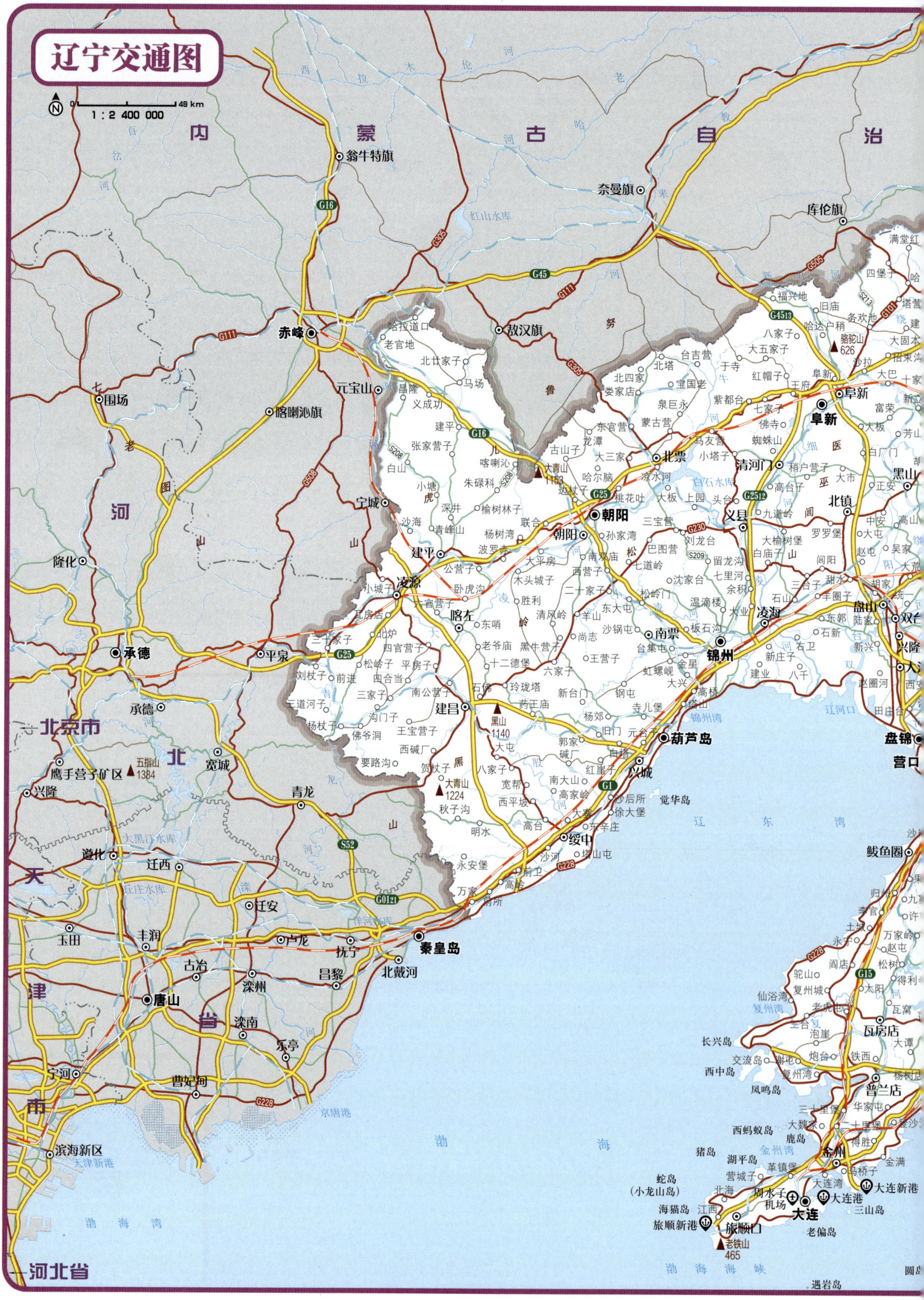

辽宁交通图
1:2 400 000
48 km
内蒙古自治区
河北省
北京市
天津市
翁牛特旗
奈曼旗
库伦旗
赤峰
敖汉旗
元宝山
喀喇沁旗
围场
宁城
隆化
承德
平泉
建平
凌源
喀左
朝阳
北票
阜新
彰武
黑山
北镇
义县
锦州
凌海
盘山
盘锦
营口
葫芦岛
兴城
绥中
建昌
南票
清河门
宽城
青龙
迁西
迁安
遵化
兴隆
玉田
丰润
唐山
古冶
滦州
滦南
乐亭
卢龙
抚宁
昌黎
秦皇岛
北戴河
宁河
曹妃甸
滨海新区
觉华岛
辽东湾
渤海
渤海湾
渤海海峡
长兴岛
瓦房店
普兰店
金州
大连
旅顺口
大连港
大连新港
旅顺新港
蛇岛
(小龙山岛)
猪岛
海猫岛
三山岛
老偏岛
遇岩岛
鲅鱼圈
盖州
熊岳
复州湾
金州湾
锦州湾
白石水库
红山水库
大黑汀水库
黑山 1140
大青山 1224
大青山 1153
老铁山 465
五指山 1384
骆驼山 626
G1
G15
G16
G25
G45
G111
G228
G305
G4513
G2512
G0121
S52

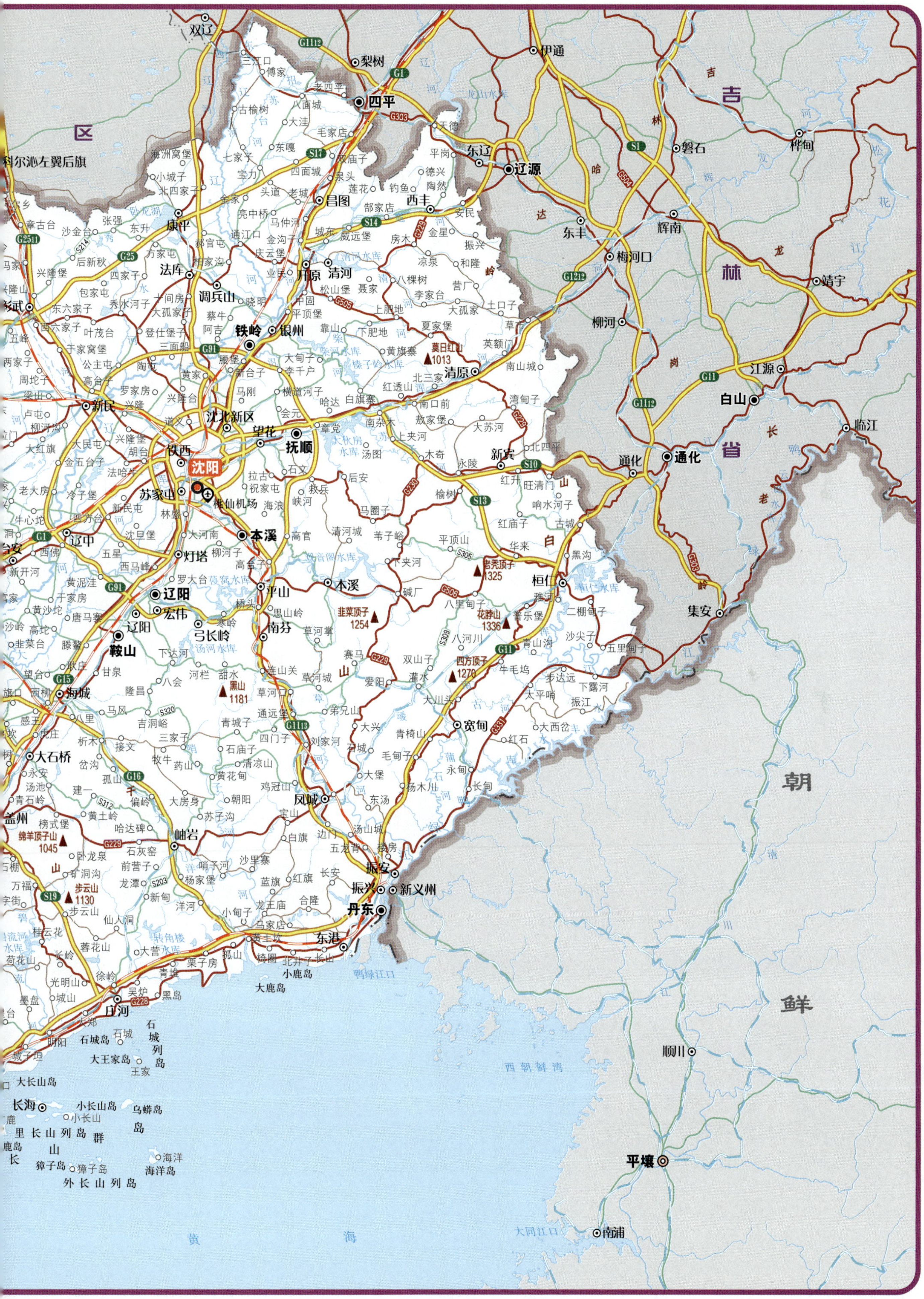
双辽
梨树
四平
伊通
吉
林
磐石
桦甸
东辽
辽源
哈
达
东丰
辉南
梅河口
龙
靖宇
柳河
岭
尚
江源
白山
临江
长
省
通化
老
白
集安
山
科尔沁左翼后旗
区
康平
法库
昌图
西丰
调兵山
铁岭
银州
开原
清河
清原
莫日红山
1013
新民
沈北新区
抚顺
沈阳
苏家屯
桃仙机场
辽中
本溪
灯塔
辽阳
宏伟
鞍山
海城
弓长岭
南芬
新宾
桓仁
宽甸
凤城
岫岩
大石桥
盖州
老秃顶子
1325
花脖山
1336
四方顶子
1270
黑山
1181
韭菜顶子
1254
绵羊顶子山
1045
步云山
1130
东港
丹东
振安
振兴
新义州
鸭绿江口
庄河
长海
大长山岛
小长山岛
里长山列岛
外长山列岛
獐子岛
海洋岛
石城列岛
王家
大鹿岛
小鹿岛
西朝鲜湾
大同江口
黄
海
朝
鲜
顺川
平壤
南浦

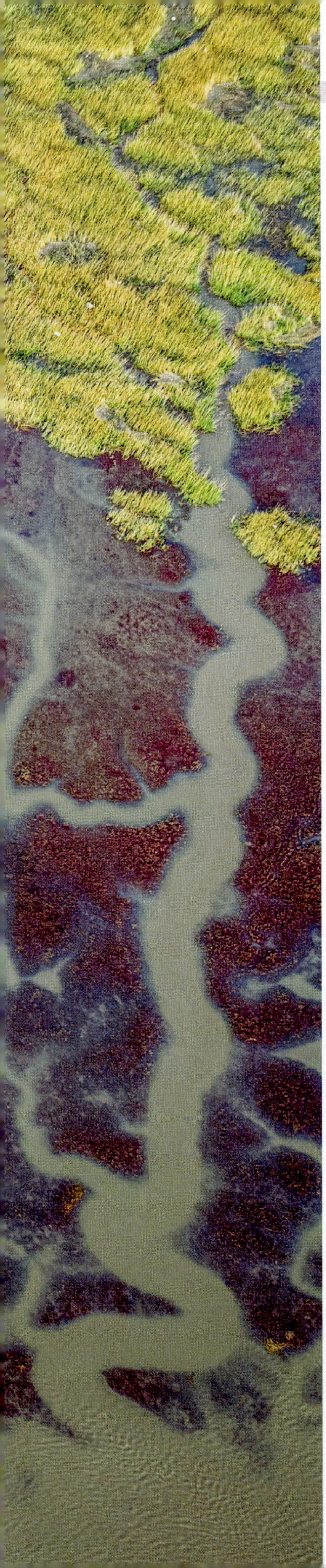

辽宁
自驾游行前概览

辽宁省，位于中国东北地区南部，省会沈阳市，南临黄海、渤海，东与朝鲜一江之隔，与日本、韩国隔海相望，是东北地区唯一的既沿海又沿边的省份，也是东北及内蒙古自治区东部地区对外开放的门户。辽宁地形概貌是“六山一水三分田”，地势为自北向南、自东西两侧向中部倾斜，山地丘陵分列东西两厢，向中部平原下降，呈马蹄形向渤海倾斜。辽宁冬季时间长，昼夜温差大，应随车带够保暖衣物。冬季自驾应有丰富的冰雪路面驾驶经验，最好使用四驱车，车的暖风系统要工作正常，轮胎防滑链是必备物品。

主要旅游资源

世界遗产 长城、沈阳故宫博物院、明清皇家陵寝、高句丽王城、王陵及贵族墓葬

国家5A级旅游景区 老虎滩海洋公园、本溪水洞、沈阳市植物园、金石滩、红海滩风景廊道、千山

国家级风景名胜区 千山、鸭绿江、金石滩、兴城海滨、大连海滨一旅顺口、凤凰山、本溪水洞、青山沟、医巫闾山

国家级自然保护区 大连斑海豹、成山头海滨地貌、蛇岛一老铁山、仙人洞、老秃顶子、白石砬子、鸭绿江口滨海湿地、医巫闾山、辽河口、鸟化石、努鲁儿虎山、海棠山、大黑山、虹螺山、青龙河、楼子山、白狼山、章古台、五花顶

◀ 辽河口的红海滩和芦苇荡

辽宁自驾线路总图

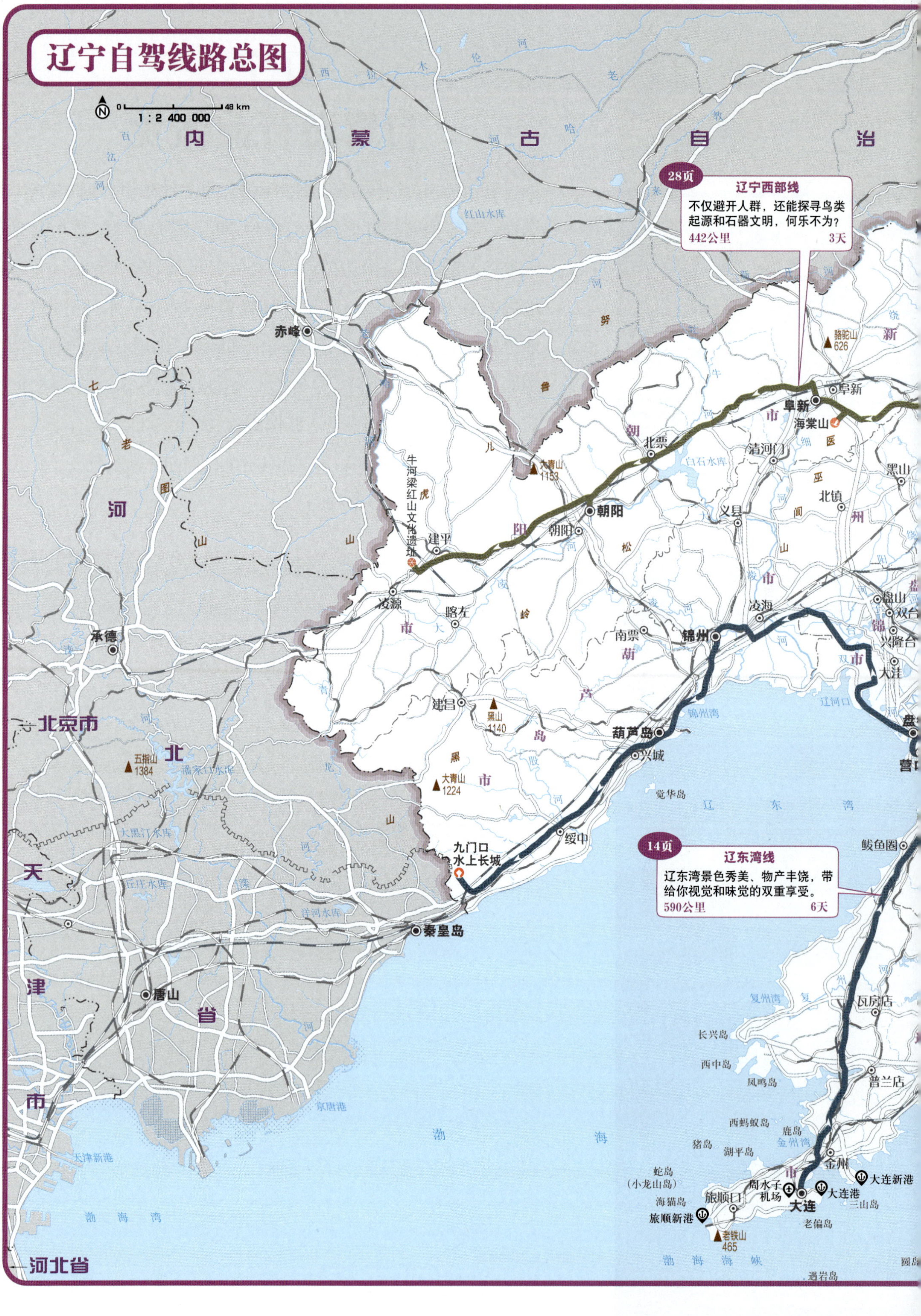

0 48 km
1：2 400 000
内蒙古自治区
28页
辽宁西部线
不仅避开人群，还能探寻鸟类起源和石器文明，何乐不为？
442公里 3天
14页
辽东湾线
辽东湾景色秀美、物产丰饶，带给你视觉和味觉的双重享受。
590公里 6天
赤峰
阜新
海棠山
骆驼山 626
北票
清河门
白石水库
大青山 1153
牛河梁红山文化遗址
建平
朝阳
义县
北镇
黑山
凌源
喀左
凌海
锦州
南票
盘山
双台
兴隆台
大洼
建昌
黑山 1140
葫芦岛
兴城
大青山 1224
绥中
九门口水上长城
觉华岛
辽东湾
锦州湾
辽河口
鲅鱼圈
承德
北京市
五指山 1384
潘家口水库
大黑汀水库
天津市
河北省
秦皇岛
唐山
洋河水库
陡河水库
红山水库
渤海
渤海湾
天津新港
京唐港
复州湾
长兴岛
西中岛
凤鸣岛
瓦房店
普兰店
西蚂蚁岛
鹿岛
猪岛
湖平岛
金州湾
金州
蛇岛（小龙山岛）
海猫岛
旅顺新港
旅顺口
周水子机场
大连
大连港
大连新港
三山岛
老偏岛
老铁山 465
渤海海峡
遇岩岛

四平
辽源
吉林省
区
康平
昌图
西丰
法库
调兵山
开原
清河
铁岭
银州
莫日红山 1013
清原
沈阳市
抚顺市
沈北新区
望花
抚顺
清永陵
新宾
新民
铁西
沈阳
苏家屯
桃仙机场
辽中
台安
本溪
本溪市
平山
本溪水洞
老秃顶子 1325
桓仁
白山
通化
辽阳
辽阳市
宏伟
弓长岭
汤河水库
鞍山
鞍山市
韭菜顶子 1254
花脖山 1336
青山沟
丹东市
四方顶子 1270
黑山 1181
海城
宽甸
24页
辽宁中部线
作为清代的皇家宫苑与近代的工业基地，这里遍布文化古迹，不负盛京之名。
86公里
4天
大石桥
营口市
凤城
凤凰山
盖州
绵羊顶子山 1045
岫岩
20页
辽宁东部线
辽河以东抵抗住了时间的流逝，静谧地展示着历史变迁与岁月静好。
790公里
5天
振安
振兴
丹东
步云山 1130
东港
小鹿岛
大鹿岛
鸭绿江口
庄河
大连市
石城岛
石城列岛
大王家岛
大长山岛
长海
小长山岛
乌蟒岛
长山列岛
獐子岛
海洋岛
外长山列岛
西朝鲜湾
朝鲜
平壤
大同江口
黄海

线路一

辽东湾线

大连市 ➡ 营口市 ➡ 盘锦市 ➡ 锦州市 ➡ 葫芦岛市

里程: 590 公里
天数: 6 天
驾驶难度: ★☆☆☆☆
新能源车友好度: ★★★★☆

行程安排

第 1 天 ①大连市 ➡ ②鲅鱼圈区 163 公里

在大连市，游览沙河口区的**星海广场**、西岗区的**俄罗斯风情街**、中山区的**老虎滩海洋公园**等景点。游览完毕后，沿东北路、沈海高速行驶至营口市鲅鱼圈区，在此夜宿。

第 2 天 ②鲅鱼圈区 ➡ ③营口市 64 公里

游览鲅鱼圈区的**望儿山**后，沿沈海高速、庄林线行驶至营口市市区，游览站前区的**楞严禅寺**，在营口市夜宿。

第 3 天 ③营口市 ➡ ④红海滩 54 公里

沿滨海路行驶至盘锦市，顺着滨海大道游览大洼区的**红海滩**。游览完毕后在周边夜宿。

第 4 天 ④红海滩 ➡ ⑤锦州市 116 公里

沿新荣线、京哈高速行驶至锦州市，游览凌河区的**辽沈战役纪念馆**。参观完毕后，在锦州市夜宿。

第 5 天 ⑤锦州市 ➡ ⑥笔架山 32 公里
⑥笔架山 ➡ ⑦葫芦岛市 28 公里

沿渤海大街行驶至锦州市太和区的**笔架山**。游览完毕后，沿滨海公路、龙程北街行驶至葫芦岛市，游览葫芦岛市兴城区的**兴城海滨**、**兴城古城**，在葫芦岛市夜宿。

第 6 天 ⑦葫芦岛市 ➡ ⑧九门口水上长城 133 公里

沿京哈高速、址九线行驶至葫芦岛市绥中县的**九门口水上长城**，游览完毕后结束行程。

▼ 红海滩

辽宁省

▼ 星海广场

途中亮点

大连市 0411

◆星海广场 见16页地图

这个号称亚洲最大的城市广场是为庆祝香港回归而填海建造的，于 1997 年 6 月 30 日投入使用。广场北侧是星海会展中心，南侧紧邻大海，一条笔直的红砖大道贯穿南北，两侧绿草如茵。红砖大道靠海处的百年纪念城雕是 1999 年为纪念大连开埠百年而设，千双脚印来自大连各年龄段、各行业的市民，象征奋斗向前的历史步伐。城雕东侧的游乐场设有小型过山车、旋转木马、卡丁车、碰碰车等娱乐设施，游乐场北侧还有大连贝壳博物馆，更是亲子游的

▼ 俄罗斯风情街

最佳目的地之一。

门票：星海广场免费，大连贝壳博物馆成人票 100 元、学生票 50 元、亲子票 116 元

营业时间：星海广场全天开放，大连贝壳博物馆 9:00—18:00

◆俄罗斯风情街 见 16 页地图

俄罗斯风情街是 100 多年前沙俄在大连规划的第一条街，街口柱碑上写着“露西亚町”。不过别怀有太浪漫的期待，如今街道两侧的俄式建筑多是 2000 年新建的，窗棂后也早被旅游纪念品塞满。除了纪念品店，长约 500 米的街道上还开设有俄罗斯餐厅、夜总会、酒吧，以及用蜡像塑造的 20 世纪二三十年代白俄罗斯远东总署行政官员在大连办公或生产的情景。

▲望儿山

门票：免费

营业时间：全天开放

◆老虎滩海洋公园 见16页地图

老虎滩海洋公园位于大连的南部海滨，依山傍海，是海洋动物和鸟类的世界，也是观赏海滨风光的胜地。在极地馆里可以观看白鲸、海狮、海豚和海象等海洋动物表演，是亲子游的绝佳选择。还可乘坐全国最长的跨海空中索道到达“鸟语林”，那里生活着孔雀、丹顶鹤、白鹭等数十种鸟类。公园里还有海上观光游艇、四维影院等项目，更有惊险刺激的侏罗纪激流探险、蹦极等娱乐设施。

门票：4月10日至10月31日220元，11月1日至次年4月9日190元

营业时间：8:30—16:30

微信公众号：老虎滩海洋公园

营口市 0417

◆望儿山 见15页地图

望儿山风景旅游区位于营口市熊岳镇东2公里，占地面积约1.2平方公里，景区内有慈母像、步母石、哺乳轩、望儿塔、报母泉、母恩池、正觉寺、仙人桥、母子桥、母爱世界、风范园、礼园、母亲湖等10余处以母爱为主题的人文景观。整个山体从碧绿如海的苹果园中拔地而起，孤峰陡立，海拔100.9米。山顶有一藏式青砖塔，建于明末清初，远看如一位老妇伫立山头，日夜眺望大海，盼望远行的儿子归来，望儿山由此得名。

门票：33元

营业时间：8:00—16:30

微信公众号：望儿山旅游景区

◆楞严禅寺 见15页地图

楞严禅寺是东北现存较为完整的民国时期大型寺院建筑群之一，与哈尔滨极乐寺、长春般若寺、沈阳慈恩寺合称为东北“四大禅林”。寺院建筑面积约2500平方米，为三进院落，山门后依次有钟鼓楼、天王殿、大雄宝殿、藏经楼、楞严宝塔等，匾额上“楞严禅寺”四个大字由溥仪的老师郑孝胥手书。大雄宝殿是楞严禅寺的主要建筑，两边各有彩绘山花一幅，为其他庙宇所不多见。楞严宝塔高九层，每层都供奉有樟木贴金佛，造型精美，气势雄浑。

门票：10元

营业时间：8:00—18:00

盘锦市 0427

◆红海滩 见15页地图

红海滩风景廊道整体坐落于盘锦约800平方公里的苇海湿地内，这里是丹顶鹤繁殖区域的南限，也是世界珍稀鸟类黑嘴鸥的主要繁殖地。无垠的苇海里栖息着数十万只鸟

▼楞严禅寺

类。织就红海滩的是一棵棵纤柔的碱蓬草，它们每年4月长出地面，初为嫩红，渐次转深，由红变紫。每年9月至10月，这片湿地便会迎来最好的季节：蜿蜒栈道旁，艳红碱蓬草铺展似柔软红毯，金黄芦苇与稻穗摇曳成浪；远方是掠过天际的飞鸟，桌上是肥美的河蟹。更讲究些，就在退潮时来，此时经海水冲刷的碱蓬草晶莹璀璨，盈满海水的沟壑流淌如大地血管，深受摄影爱好者推崇。

门票： 110元

营业时间： 8:30—17:00

微信公众号： 红海滩风景廊道

锦州市 0416

◆辽沈战役纪念馆 见15页地图

辽沈战役纪念馆的主体馆内设有序厅、战史馆、支前馆、英烈馆和全景画馆，陈列内容全面反映了东北解放战争历史，突出展示了辽沈战役的过程。其中"攻克锦州"为国内第一座全景画馆，它采用绘画、塑形、灯光、音响等多种艺术形式，生动再现了完整的战争场景，是中国乃至世界美术史的艺术

▲ 笔架山

▼ 辽沈战役纪念馆

精品。近几年，纪念馆还将东北野战军锦州前线指挥所旧址、配水池战斗遗址和解放锦州烈士陵园纳入管理范围，进一步丰富了红色旅游的内容。

门票：免费开放

营业时间：周二至周日 9:00—16:00，周一闭馆

微信公众号：辽沈战役纪念馆

◆笔架山 见 15 页地图

景区内的渤海北岸和笔架山岛之间有一座跨海天桥，长 1620 米。落潮时，天桥仿佛一条蜿蜒的蛟龙浮现海中，待潮水落尽便完全显露出来。而一到涨潮，天桥受到两侧海水夹击，渐渐变窄，直至完全隐去。笔架山岛上风光秀丽，文物古迹众多，其中以三清阁为主要代表。三清阁是全国规模最大的全石结构建筑，高 26 米，六层楼梯由石墙、石廊、石门、石窗、石龛和石梯组成，就连飞檐挑角、门神壁画也全用石头刻成。阁中现存大小汉白玉石像 43 尊，是一座道家、儒家、佛家三教合一的寺庙。

门票：60 元

营业时间：7:30—16:30

微信公众号：锦州市笔架山风景区

▲ 兴城古城祖氏牌坊

葫芦岛市 0429

◆兴城海滨 见 15 页地图

早在 1988 年，兴城海滨就入选了第二批国家级风景名胜区。景区内的觉华岛山石秀美、古树参天，南有佽山岛、阎山岛，北有磨盘山。这里是中国北方最大的天然浴场，水质洁净、坡缓沙细，有“第二北戴河”之称。一片纯天然海滩吸引游人无数，海面筑有观海亭，各海中亭台以栈桥相连，于亭中赏景听海，任时光惬意悠然。还有许多游客来到这里是为了欣赏日出，伴着太阳缓缓升起，几只渔船驶入画面，犹如一幅唯美的油画。

门票：免费

营业时间：全天开放

◆兴城古城 见 15 页地图

兴城古城原来叫“宁远城”，始建于明宣德三年（1428 年），后由袁崇焕镇守，使努尔哈赤与皇太极先后兵败宁远。1944 年的一把火结束了古城的辉煌，如今城内的景点多是 2002 年复建。蓟辽督师府是明代北方最高军政领导机构，修复后主要展出明与后金的战争史与袁崇焕的功绩。景点和上城墙都是收费的，如果想要免费玩，在古城逛大街是极佳之选。中轴线上的明代一条街是仿古商业街，主要贩售古玩与花生糕，南段的两座祖氏石坊是真正的明朝文物。

门票：通票 100 元，蓟辽督师府 40 元，文庙 30 元，城墙 25 元，钟鼓楼 20 元，将军府 5 元

营业时间：8:00—17:00

◆九门口水上长城 见 15 页地图

九门口古称“一片石”，始建于明代，是长城东端的重要关隘。明末，李自成、吴三桂与多尔衮曾在此鏖战，李自成兵败后清军入关。民国时期，直奉战争与解放战争也曾在此展开。景区最显眼的，莫过于跨九江河而建的一段“水上长城”，本该严实的砖墙在此开出九个桥洞，让这段百米长城看起来更像是石孔桥。2003 年，九江河被人工截潜，从此“城在水上走，水从城中流”，再也不分汛旱，四季能见。

门票：80 元

营业时间：8:00—16:00

微信公众号：九门口水上长城景区

食宿推荐

当地美食

大连市 焖子、铁板鱿鱼、鲍鱼、海菜包子

营口市 海蜇、咸泥溜、汤池羊汤

盘锦市 河蟹、蒲笋、大米

锦州市 沟帮子熏鸡、北镇鸭梨、什锦小菜、锦州烧烤、锦州荣鹏烀饼

葫芦岛市 杏仁小米粥、红海蟹、海鲜饺子

热门住宿地

大连市 星海广场、金石滩、中山区

营口市 鲅鱼圈区、山海广场、白沙湾

盘锦市 兴隆台区、红海滩、大洼区

锦州市 凌河、笔架山、锦州站

葫芦岛市 兴城海滨、龙港区、东戴河

辽宁省

线路二

辽宁东部线

铁岭市 ➡ 抚顺市 ➡ 本溪市 ➡ 丹东市

里程：790 公里
天数：5 天
驾驶难度：★★☆☆☆
新能源车友好度：★★★☆☆

行程安排

第 1 天 ①铁岭市 ➡ ②抚顺市 67 公里

在铁岭市，游览调兵山市的**蒸汽机车博览园**和银州区的**银冈书院**。游览完毕后，沿辽中环线高速、沈吉高速行驶至抚顺市，在此夜宿。

第 2 天 ②抚顺市 ➡ ③清永陵 96 公里
③清永陵 ➡ ④本溪市 183 公里

沿沈吉高速、抚通高速行驶至抚顺市新宾满族自治县，游览**清永陵**和附近的**赫图阿拉城**。游览完毕后，沿抚通高速、辽中环线高速行驶至本溪市，在此夜宿。

第 3 天 ④本溪市 ➡ ⑤本溪水洞 51 公里
⑤本溪水洞 ➡ ⑥凤城市 156 公里

沿枫叶路、本桓线行驶至本溪满族自治县的**本溪水洞**。游览完毕后，沿本桓线、丹阜高速行驶至凤城市，在此夜宿。

第 4 天 ⑥凤城市 ➡ ⑦凤凰山 4 公里
⑦凤凰山 ➡ ⑧丹东市 70 公里

沿凤山路前往**凤凰山**。游览完毕后沿丹阜高速、鹤大高速行驶至丹东市，顺便游览振兴区的**中朝友谊桥**、**抗美援朝纪念馆**后，夜宿市区。

第 5 天 ⑧丹东市 ➡ ⑨青山沟 163 公里

沿鹤大高速、小坦线行驶至丹东市宽甸满族自治县的**青山沟**，游览完毕后结束行程。

辽宁省

途中亮点

铁岭市 024

◆蒸汽机车博览园

见 21 页地图

“上游型”“跃进型”“建设型”……这些带有时代特色的蒸汽机车名称，是一代代人关于新中国工业力量茁壮成长的记忆。一迈进蒸汽机车博览园，时光仿佛被拉回到 20 世纪五六十年代，人们被浓缩着蒸汽机车发展史的介绍所吸引。蒸汽机车博览园进门处，一台标示为“SY-0063”的蒸汽机车车头上的“鼓足干劲力争上游”八个大字格外醒目，而在轰鸣了几十年后，蒸汽机车也完成了它的历史使命。

门票：50 元

营业时间：8:30—16:00

◆银冈书院

见 21 页地图

这栋位于幽静巷弄内的三进四合院，是东北地区最早的书院，由清顺治年间的文人郝浴创立，旧名“致知格物之堂”。除了修复如旧的讲堂，西院还辟有周恩来读书旧址纪念馆，通过遗物与图片等展品，介绍周恩来在此读书、视察的情况，以及他简朴的一生。远远望去，瓦青色的围墙上空，苍翠摇曳的枝叶之间隐现着古建筑的屋脊，古朴幽静之中蕴藏一丝神秘。书院内原有一株建书院时栽下的老榆树，犹如一位饱经沧桑的老者，日夜俯瞰书院，年年抛撒榆钱儿，记录书院教化育人的功绩。

门票：免费

营业时间：周二至周日 9:00—11:00

抚顺市 024

◆清永陵

见 21 页地图

清永陵与沈阳葬努尔哈赤的福陵（东陵）、葬皇太极的昭陵（北陵）合称“盛京三陵”。因永陵建筑年代远在清朝定都北京之前，且墓主人辈分又高——葬有努尔哈赤六世祖猛特穆、曾祖福满、祖父觉昌安、父亲塔克世，因此永陵称“三陵之首”，是清王朝的关外第一陵。建筑吸收中原帝陵前设享殿、后为宝顶、周以方垣、均衡对称的陵寝形制，同时保持了清朝先世木栅为门的本色面貌，是满族文化最为浓郁的陵寝建筑群，选址亦是中国风水理论运用的杰出代表之一。康熙、乾隆、嘉庆、道光等曾先后九次亲临永陵谒陵祭祖。

门票：50 元

营业时间：3 月 16 日至 11 月 7 日 8:00—

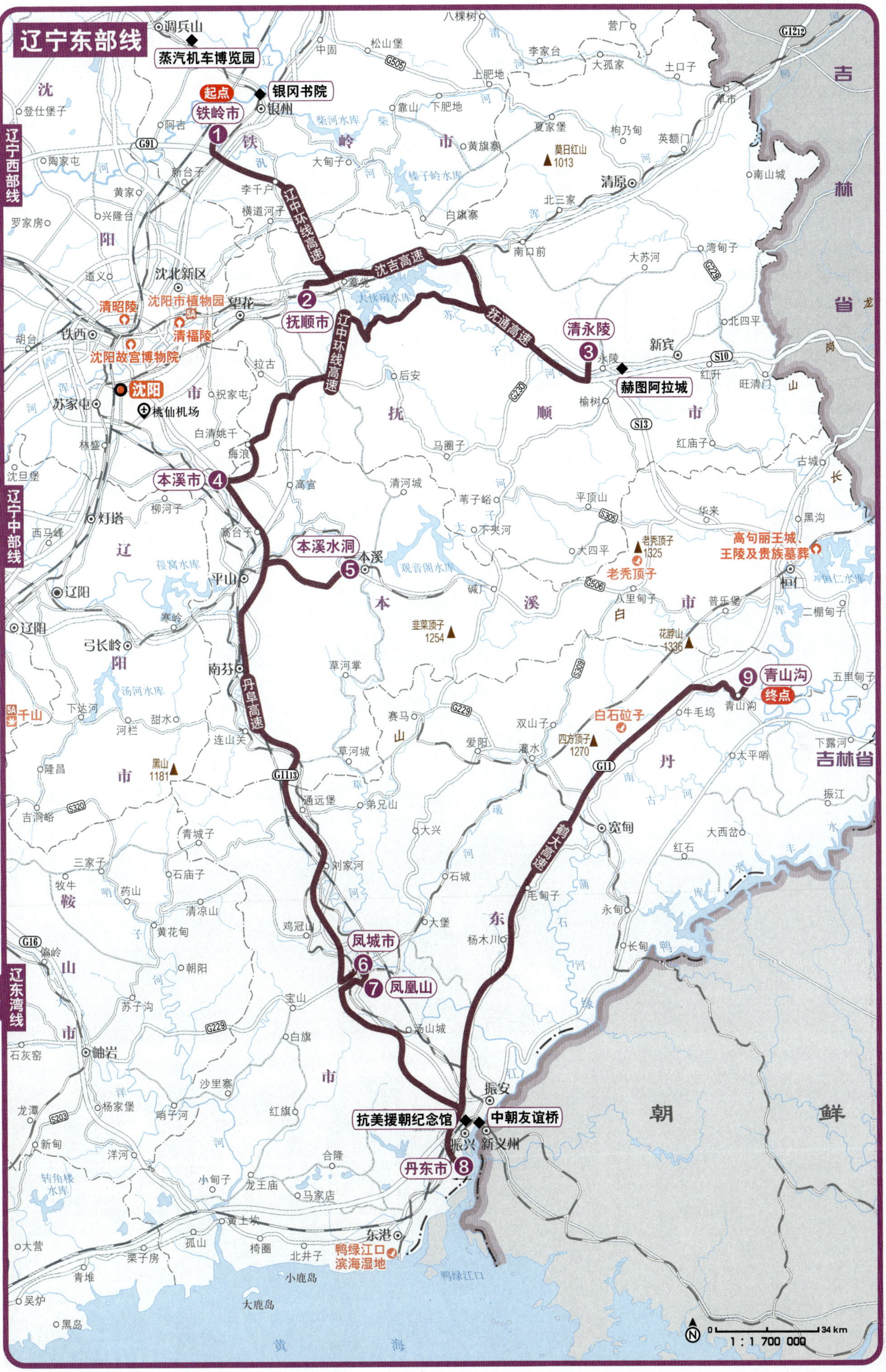

28 辽宁西部线
24 辽宁中部线
14 辽东湾线

17:00，11 月 8 日至次年 3 月 15 日 8:00—16:00

微信公众号： 清永陵

◆赫图阿拉城 见 21 页地图

“赫图阿拉”是满语，意为“横岗”，即“平顶山岗”。赫图阿拉城始建于明万历三十一年（1603 年）。明万历四十四年（1616 年）正月初一，努尔哈赤于此“黄衣称朕”，建国号大金，建元“天命”，史称“后金”。赫图阿拉故城也因此成为清代关外三京之首，被视作龙兴之地，御封为“启运之地”。这座城坐落于新宾满族自治县永陵镇苏子河南岸，依山而建。最近几年经过重建，历史面貌也因而显现：分为内外两城，其中内城有清朝第一座关帝庙等重要古建。

门票： 60 元

营业时间： 4 月至 10 月 8:00—17:00，11 月至次年 3 月 8:30—16:00

微信公众号： 赫图阿拉城景区

本溪市 024

◆本溪水洞 见 21 页地图

本溪水洞是数百万年前形成的大型充水溶洞，洞口呈半月形，内分水、旱二洞。进洞口气势磅礴，可容纳千人。大厅往右是长 300 米的旱洞，洞穴高低错落，洞中有洞，别有洞天。洞顶和岩壁钟乳石多沿裂隙成群发育，呈现各式物象，自然成趣，宛若龙宫仙境。古井、龙潭、百步池等诸多景观，也令人“脑洞大开”，浮想联翩。洞的尽头是一泓清潭，深不见底，水汽袭来，寒意森森。

门票： 110 元

营业时间： 9:30—17:00

微信公众号： 本溪水洞景区

丹东市 0415

◆凤凰山 见 21 页地图

凤凰山是辽宁的四大名山之一，也是辽东第一名山，它虽不及华山高，险峻程度却与之类似。凤凰山景区分东山和西山，东山路好走但是景色一般，西山才是凤凰山的精华，尤其是烽火台至主峰神马峰一线，途中可游览将军峰、兔耳峰、老牛背和箭眼。老牛背是精华线路上最险的一段，两边是悬崖峭壁，长不过百米，最窄处只有几十厘米，没有台阶，全靠岩石上开凿出的凹洞和边上的栏杆攀爬，需格外小心。神马峰海拔 800 多米，七八月可观云海，但需起个大早。

门票： 80 元

营业时间： 6:00—17:30

微信公众号： 丹东凤凰山景区

◆中朝友谊桥 见 21 页地图

几乎所有来丹东的旅行者，第一站都会直奔鸭绿江畔，只为一睹当年志愿军“雄赳赳，气昂昂，跨过鸭绿江”的中朝友谊桥。大桥 1943 年建成通车，是当时日本侵略者连通安奉铁路与朝鲜半岛的交通要道。大桥建成之初是一座上下可双向行驶列车的铁轨桥；中华人民共和国成立后，大桥上层的铁

▼ 凤凰山

▲ 中朝友谊桥

路被拆除，改建为公路，变成公路、铁路两用桥。中朝友谊桥边上的鸭绿江断桥历史更长，1950 年 11 月，大桥被美国空军炸断，成为抗美援朝历史的见证者，如今的残缺之美令人心中五味杂陈。

门票：中朝友谊桥免费，鸭绿江断桥 30 元

营业时间：中朝友谊桥全天开放，鸭绿江断桥 8:00—17:00

◆抗美援朝纪念馆 见 21 页地图

抗美援朝纪念馆位于鸭绿江畔的英华山上，与朝鲜隔江相望，是全国唯一全面反映中国人民抗美援朝战争和抗美援朝运动历史的专题纪念馆。抗美援朝纪念馆园区由纪念馆、纪念塔、全景画馆、国防教育园组成，馆藏抗美援朝文物 2 万余件。抗美援朝纪念塔高 53 米，寓意 1953 年抗美援朝战争取得伟大胜利，塔体为方形中空式，灰白色花岗岩贴面，正面镶嵌着邓小平题写的“抗美援朝纪念塔”七个镏金大字，塔的下部是由旗帜、鲜花、彩带组成的汉白玉塔花，代表和平、胜利和友谊。

门票：免费

营业时间：9:00—16:30，周一闭馆

微信公众号：抗美援朝纪念馆

◆青山沟 见 21 页地图

青山沟国家级风景名胜区位于丹东市宽甸满族自治县的北部山区，面积约 147.7 平方公里，其中水域面积约 23.3 平方公里。目前青山沟已开发出“虎塘沟”“青山湖”“飞瀑涧”“中华满族风情园”四大景区，是一个山水型自然生态与满族民俗文化相融合的风景区。景区内共有 126 个景点，包括大小瀑布 36 条。这里有茂密的森林、清澈的江水、幽深的峡谷、宁静的深潭，宛如童话世界，享有“西有九寨沟，东有青山沟”之美誉。

门票：飞瀑涧 40 元，虎塘沟 40 元，青山湖 40 元，中华满族风情园 30 元；通票 120 元（不含游船）

营业时间：7:30—17:00

微信公众号：青山沟国家级风景名胜区

食宿推荐

当地美食

铁岭市 火勺、铁锅炖、坛肉

抚顺市 麻辣拌、荷香蒸林蛙、黄金肉

本溪市 长宽猪蹄、蝲蛄、泥鳅汤

丹东市 柳林大米、柱参、林蛙、板栗

热门住宿地

抚顺市 望花区、顺城区、新抚区

本溪市 本溪水洞、本溪大峡谷、本溪站

丹东市 鸭绿江断桥、丹东站、安东老街

线路三

辽宁中部线

沈阳市 ➡ 辽阳市 ➡ 鞍山市

里程：86 公里
天数：4 天
驾驶难度：★☆☆☆☆
新能源车友好度：★★★★★

▲ 沈阳故宫博物院

行程安排

第 1—2 天 ①沈阳市

①沈阳市 ➡ ②辽阳市　55 公里

在沈阳市，花两天时间游览沈河区的**沈阳故宫博物院**和**张氏帅府博物馆**，以及皇姑区的**北陵公园**。第一天夜宿沈阳市。第二天沿沈营大街、沈营线行驶至辽阳市并夜宿。

第 3 天 ②辽阳市 ➡ ③鞍山市　31 公里

游览白塔区的**广佑寺**、文圣区的**东京陵**，沿辽鞍路、胜利北路行驶至鞍山市，在此夜宿。

第 4 天 ③鞍山市

游览铁东区的**玉佛苑**、**千山**，结束行程。

途中亮点

沈阳市 024

◆沈阳故宫博物院

见26页地图

沈阳故宫是中国目前仅存的最完整的两大古代宫殿建筑群之一，始建于1625年，是清代初期营建和使用的皇家宫苑，至今保存完好，是一处有着丰富历史文化内涵的古代遗址。在宫廷遗址上建立的沈阳故宫博物院是著名的古代宫廷艺术博物馆，成立于1926年，它以独特的历史、地理条件和浓郁的满族特色而迥异于北京故宫。沈阳故宫那金龙蟠柱的大政殿、崇政殿，排如雁行的十王亭，设有万字炕的清宁宫，古朴典雅的文溯阁，高台建筑凤凰楼，以及“宫高殿低”的建筑风格，在中国宫殿建筑史上都绝无仅有。

门票： 50元

营业时间： 4月10日至10月10日8:30—17:30，10月11日至次年4月9日9:00—16:30；周一闭馆

微信公众号： 沈阳故宫博物院

◆张氏帅府博物馆

见26页地图

张氏帅府博物馆是在大帅府遗址上建立起来的，是北洋政府末代国家元首、奉系军阀首领张作霖及其长子张学良主政东北时期的官邸和私宅。这里庭院相连，楼宇林立。放眼望去，雕梁画栋的四合院、水榭亭台的帅府花园、恢宏气派的红楼群、小巧雅致的帅府办事处、欧式风情的边业银行、中西合璧的小青楼、赵一荻故居，错落有致。这是东北地区规模最大、保存最为完好的名人故居，也被称为“东北第一名人故居”。

门票： 48元

营业时间： 4月10日至10月9日8:30—17:30，10月10日至次年4月9日9:00—16:30

微信公众号： 张学良旧居

◆北陵公园

见26页地图

清昭陵也称为“北陵”，位于沈阳市区北部的北陵公园内，是公园内的主体景点。清昭陵是清朝第二代开国君主太宗皇太极与孝端文皇后博尔济吉特氏的陵墓。皇太极是努尔哈赤的第八个儿子，追随其父统一了女真各部，又开创了大清基业。他死后的第二年，清军入关，昭陵因而成为关外最后一座皇陵。民国时，墓区周围的官林被辟为北陵公园，保留至今。这座曾经的皇家园林内植被茂密，苍松翠柏中还隐藏着精致的石雕华表和望天犼，随处可见前来锻炼和游玩

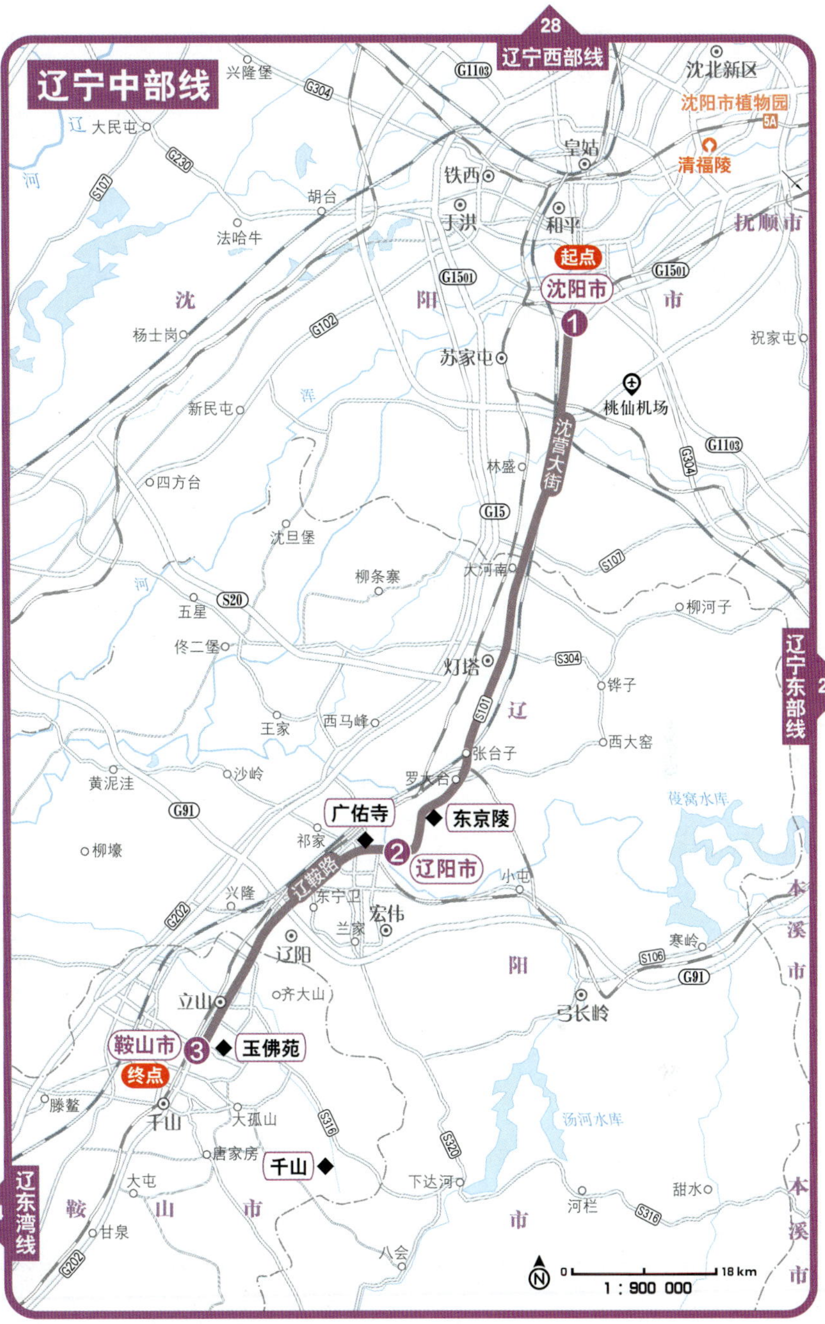

▼ 北陵公园

▼广佑寺

的沈阳市民。

门票： 20元

营业时间： 4月1日至10月31日7:00—17:00，11月1日至次年3月31日8:00—16:00

微信公众号： 沈阳北陵公园

辽阳市 0419

◆广佑寺 见25页地图

广佑寺初建于东汉，是中国最早的佛教寺院之一。清末义和团将其作为总部，引来沙俄镇压，导致寺庙被焚，仅留两尊白塔和元代铜佛。如今的广佑寺是2002年新建的，规模庞大。无论是五门六柱的青石牌坊、雄伟的大雄宝殿，或是殿内光手指就有一人高的木质漆金佛，都是相机取景框难以容纳的

▲ 玉佛苑

大小。如果想要一睹寺院真正的宝藏，不要错过普贤菩萨铜像。寺西门外还有一座免费的白塔公园，园中白塔筑于辽代，塔身砖雕精美，能找到牡丹、龙纹、火焰等图样，71 米的身高也让它勇夺“东北第一高塔”的封号。

门票： 40 元

营业时间： 8:00—16:30

◆东京陵 见 25 页地图

努尔哈赤迁都辽阳后，将清永陵的祖坟迁移来此，称“东京陵”，就位于辽阳东北郊鲁山脚下，是后金第一座正式皇陵。顺治年间，随着辽阳淡出权力中心与清永陵建造完成，祖坟再度迁回，仅留下曾在政治上与努尔哈赤有龃龉的胞弟舒尔哈齐、长子褚英、异母弟穆尔哈齐与其子的三座陵园。陵园鲜有人涉足，院内杂草丛生，古建斑驳。舒尔哈齐墓的缭墙和碑亭倒是保存完好，石碑刻字清晰可见。

门票： 免费

营业时间： 全天开放

鞍山市 0412

◆玉佛苑 见 25 页地图

玉佛苑位于玉佛山风景名胜区的核心景区内，因供奉世界最大玉佛而享誉海内外，占地面积 27 万平方米，三面环山，一面临水，风水极佳。玉佛苑以玉佛阁为主体，由天王殿、舍利堂、药师殿、地藏殿、罗汉圣地等组成，将玉文化、佛文化和山水园林文化融为一体。主体建筑玉佛阁气势恢宏、金碧辉煌，殿内的“释迦牟尼渡海观音”玉佛重 260.76 吨，七色一体，雕琢细腻，1997 年 11 月荣膺“大世界基尼斯之最”。

门票： 70 元

营业时间： 4 月 1 日至 10 月 31 日 8:00—17:00，11 月 1 日至次年 3 月 31 日 8:00—16:00

◆千山 见 25 页地图

千山最早形成于 38 亿年前，在古代被称为“积翠山”，最高峰仙人台海拔 708.5 米。因相传有 999 座山峰，遥望若青莲接天，故又称“千朵莲花山”，简称“千山”。作为东北最大的宗教聚集之地，千山宗教文化厚重，佛道共融一山。山上有近 40 座庙宇，如龙泉寺、祖越寺、香岩寺、中会寺、大安寺、无量观、五龙宫等，共有“九宫、八观、五大禅林、十二茅庵”。身高 70 米的弥勒大佛是世界发现的唯一一尊天然弥勒坐像，在这里能看到原佛教协会会长赵朴初亲笔题写的“千山弥勒大佛”，以及世界佛教联合会副会长释觉光亲笔题的“天成弥勒道场”。

门票： 4 月 1 日至 10 月 31 日 80 元，11 月 1 日至次年 3 月 31 日 60 元

营业时间： 4 月 1 日至 10 月 31 日 8:00—18:00，11 月 1 日至次年 3 月 31 日 8:00—17:00

微信公众号： 千山景区

食宿推荐

当地美食

沈阳市 那家白肉血肠、杨家吊炉饼、老边饺子、马家烧卖、李连贵熏肉大饼

辽阳市 塔糖、香水梨干、老世泰糕点、汤河滋补鱼头

鞍山市 南果梨、牛庄馅饼

热门住宿地

沈阳市 中街、沈阳北站、沈阳站

辽阳市 辽阳站、弓长岭区、白塔区

鞍山市 千山区、鞍山站、铁东区

线路四

辽宁西部线

沈阳市 ➡ 阜新市 ➡ 朝阳市

里程：442 公里
天数：3 天
驾驶难度：★☆☆☆☆
新能源车友好度：★★★★★

▲ 海棠山石刻

行程安排

第 1 天 ①沈阳市 ➡ ②海棠山　182 公里

②海棠山 ➡ ③阜新市　26 公里

从沈阳市出发，沿丹阜高速、S314 行驶至阜新蒙古族自治县的**海棠山**。游览完毕后，沿奈营高速、高原路行驶至阜新市市区夜宿。

第 2 天 ③阜新市 ➡ ④朝阳市　135 公里

沿长深高速行驶至朝阳市，游览龙城区的**鸟化石国家地质公园**，夜宿朝阳市。

第 3 天 ④朝阳市 ➡ ⑤牛河梁红山文化遗址　99 公里

沿长深高速、京沈线行驶至凌源市的**牛河梁红山文化遗址**，游览完毕后结束行程。

途中亮点

阜新市　0418

◆海棠山　见 29 页地图

海棠山位于阜新市东南，属闾山支脉。道光年间，普安寺第四世活佛见后山空荡，发愿镌刻，留下了东北难得一见的藏传佛教诸佛造像。当你绕过新修的措钦大殿，神态殊异的宗喀巴、释迦牟尼、度母、护法和兼具蒙、满、藏、汉文字的摩崖石刻就在环寺路两侧。佛像中最大的是 5 米高的释迦牟尼佛，最小者仅 30 厘米，主要分布在喇嘛洞山和萨本山南北两坡的黄色花岗片麻岩上。若只想看个大概，如此绕上 2 小时也就足够。至于想将 267 尊佛像“一网打尽”，恐怕得做好深入西坡密林的心理准备。

门票：45 元
营业时间：8:00—17:00
微信公众号：阜新海棠山景区

朝阳市　0421

◆鸟化石国家地质公园　见 29 页地图

20 世纪 90 年代，大批中生代热河生物群

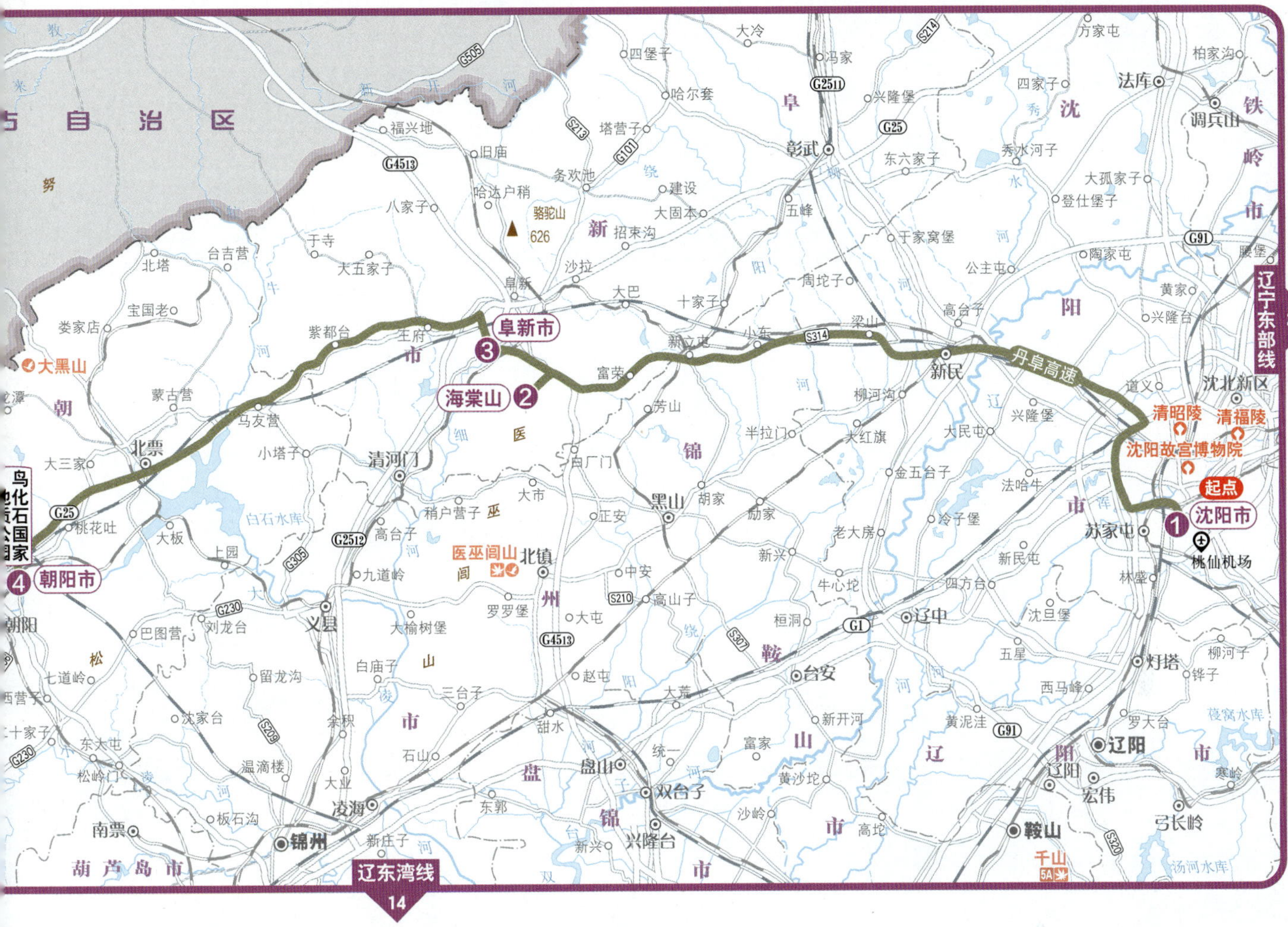

化石在朝阳出土，刷新了学界对鸟类起源的认知，也让朝阳成为“地球上第一只鸟起飞和第一朵花绽放的地方”。化石收藏当然是公园的重点。主展厅古生物化石博物馆共三层，全面介绍了化石成因和宇宙形成、演化等知识，藏品从迷你昆虫标本到数十米长的恐龙化石都有，其中最早的被子植物辽宁古果、最早的鸟类中华龙鸟在热河生物群厅展出。一楼还有罕见的辽宁巨龙化石，能带给你视觉震撼。

门票： 85 元

营业时间： 9:00—17:00

微信公众号： 辽宁朝阳鸟化石国家地质公园

◆牛河梁红山文化遗址 见 28 页地图

牛河梁红山文化遗址位于凌源市与建平县交界处，是北方新石器时代文明的代表。5500 年前，中国最早的宗庙与圆形祭坛在此诞生，被誉为“中华文明的曙光”。不过如今遗址陈设有些简单，展品也不算丰富，建议聘请讲解员，能看得更明白。遗址包括博物馆与两座保护展示馆。博物馆以文物、雕塑与图片详细介绍了红山文化的起源和意义，可惜代表性的女神头像与玉猪龙皆是高仿；保护展示馆为女神庙和积石冢原址，象征中国偶像崇拜和社会阶层分化的肇始，不了解的话，它们看起来或许更像平凡的土丘和碎石堆。

门票： 60 元

营业时间： 9:00—16:30

微信公众号： 牛河梁遗址博物馆

食宿推荐

当地美食

阜新市 蒙古族馅饼、清沟鱼宴、全羊宴

朝阳市 切糕、碗砣、豆腐脑、拔面条、榆钱大饼子

热门住宿地

阜新市 阜新站、解放广场

朝阳市 双塔区、辽宁朝阳站、万达广场

▼ 鸟化石国家地质公园

吉林省

▲ 长白山雾凇

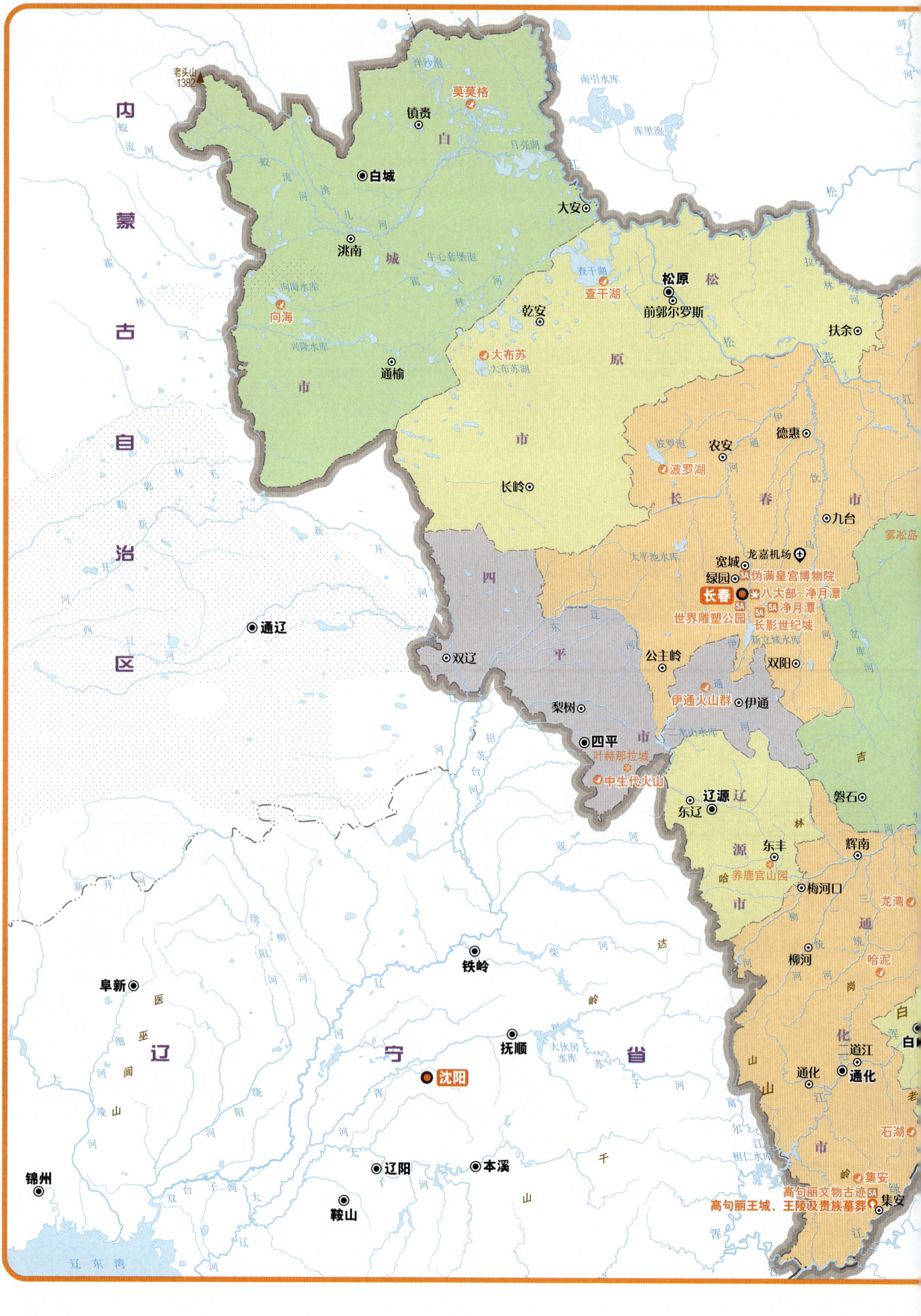

老头山 1382
内蒙古自治区
洋沙泡
莫莫格
镇赉
白城
白城市
月亮湖
南引水库
库里泡
大安
洮南
牛心套堡泡
向海水库
向海
兴隆水库
通榆
查干湖
松原
前郭尔罗斯
松原市
乾安
大布苏
大布苏湖
扶余
波罗泡
波罗湖
农安
德惠
长春市
长岭
九台
雾凇岛
龙嘉机场
太平池水库
宽城
绿园
伪满皇宫博物院
长春
八大部-净月潭
净月潭
世界雕塑公园
长影世纪城
新立城水库
通辽
双辽
四平市
公主岭
双阳
梨树
伊通火山群
伊通
二龙山水库
四平
叶赫那拉城
中生代火山
辽源
东辽
辽源市
磐石
东丰
辉南
养鹿官山园
梅河口
龙湾
通化市
柳河
哈泥
阜新
铁岭
辽宁省
抚顺
大伙房水库
沈阳
二道江
通化
石湖
锦州
辽阳
本溪
鞍山
集安
高句丽文物古迹
高句丽王城、王陵及贵族墓葬
桓仁水库
辽东湾

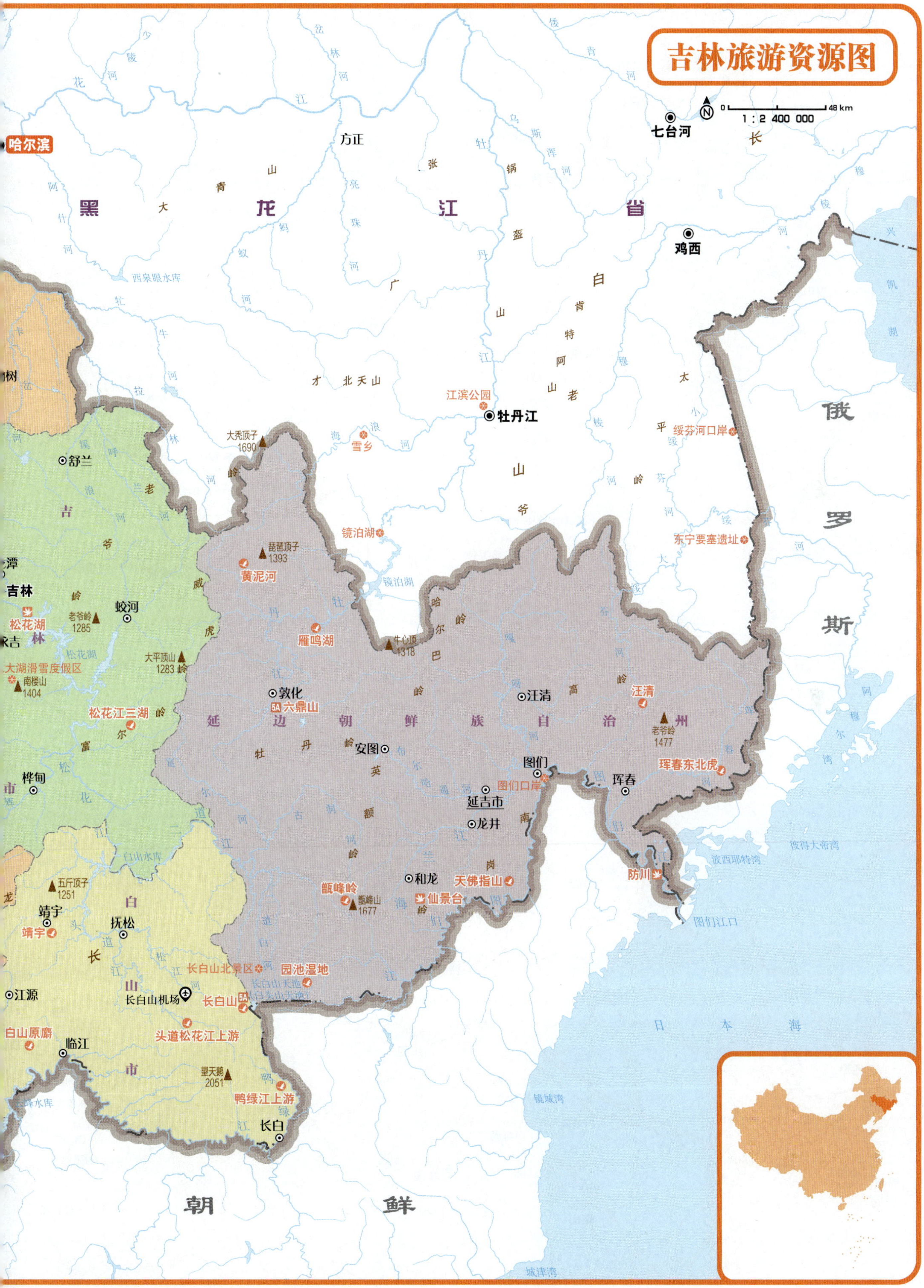

吉林旅游资源图
1：2 400 000
0 48 km
黑龙江省
哈尔滨
方正
七台河
鸡西
牡丹江
江滨公园
雪乡
镜泊湖
绥芬河口岸
东宁要塞遗址
大秃顶子 1690
琵琶顶子 1393
黄泥河
雁鸣湖
牛心顶 1318
敦化
5A 六鼎山
汪清
老爷岭 1477
安图
图们
图们口岸
珲春
珲春东北虎
延吉市
龙井
和龙
天佛指山
甑峰岭
甑峰山 1677
仙景台
防川
延边朝鲜族自治州
舒兰
蛟河
吉林
松花湖
老爷岭 1285
大平顶山 1283
大湖滑雪度假区
南楼山 1404
松花江三湖
桦甸
五斤顶子 1251
靖宇
抚松
江源
长白山北景区
园池湿地
长白山天池 (白头山天池)
长白山机场
长白山
白山原磨
头道松花江上游
临江
望天鹅 2051
鸭绿江上游
长白
白山市
俄罗斯
日本海
朝鲜
波西耶特湾
彼得大帝湾
图们江口
镜城湾
城津湾
西泉眼水库
白山水库

吉林旅游资源图

吉林省

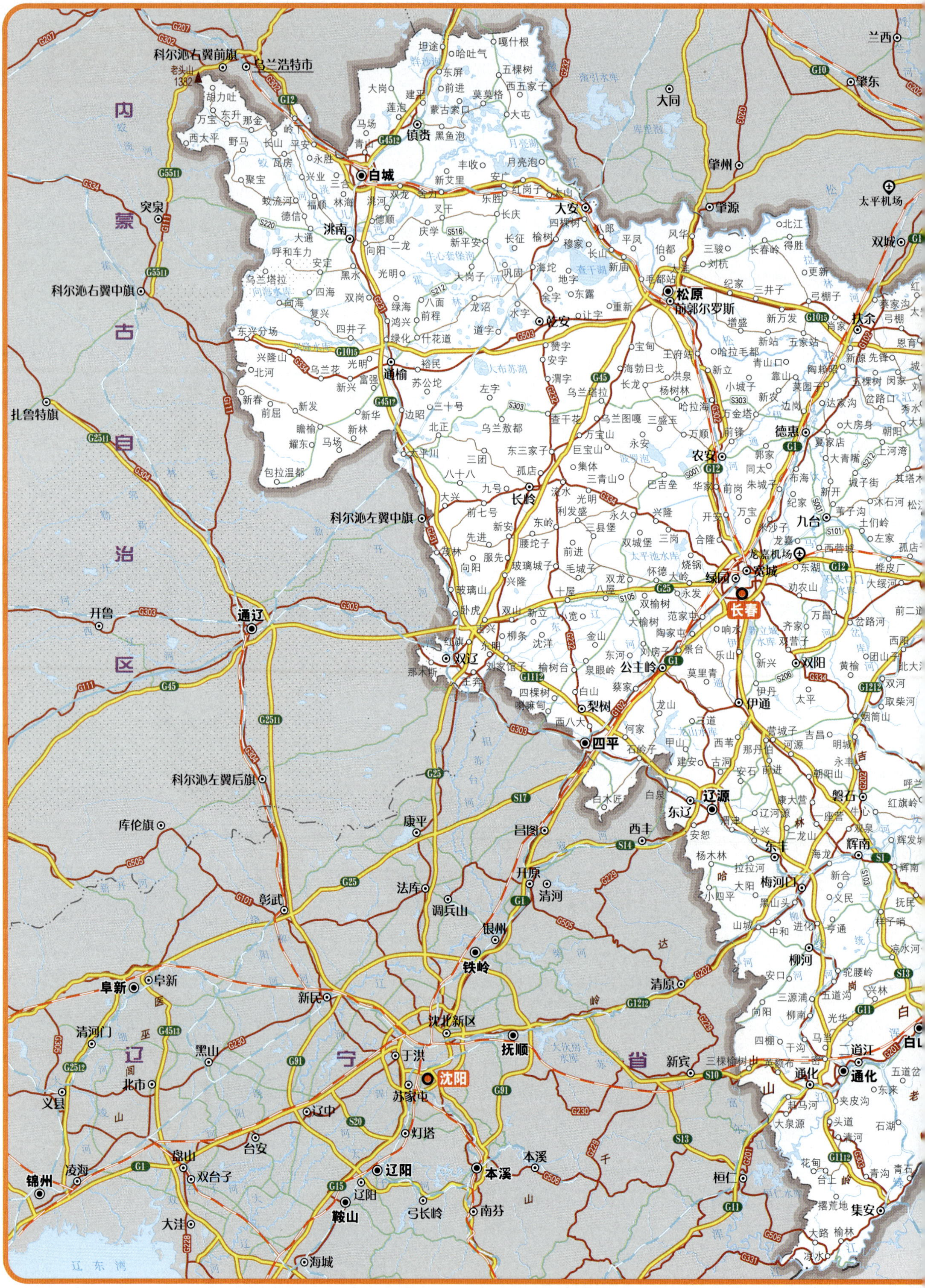
科尔沁右翼前旗
乌兰浩特市
内蒙古自治区
突泉
科尔沁右翼中旗
扎鲁特旗
开鲁
通辽
科尔沁左翼中旗
科尔沁左翼后旗
库伦旗
白城
洮南
镇赉
大安
乾安
通榆
长岭
双辽
松原
前郭尔罗斯
扶余
肇源
肇州
大同
肇东
兰西
双城
太平机场
德惠
农安
九台
龙嘉机场
长春
宽城
绿园
公主岭
伊通
双阳
梨树
四平
辽源
东辽
东丰
磐石
辉南
梅河口
柳河
通化
集安
白山
西丰
昌图
康平
法库
开原
清河
调兵山
铁岭
银州
彰武
阜新
新民
沈北新区
抚顺
沈阳
于洪
苏家屯
辽中
灯塔
辽阳
本溪
台安
黑山
北市
义县
锦州
凌海
盘山
双台子
大洼
鞍山
南芬
弓长岭
海城
清原
新宾
桓仁
辽宁省
辽东湾

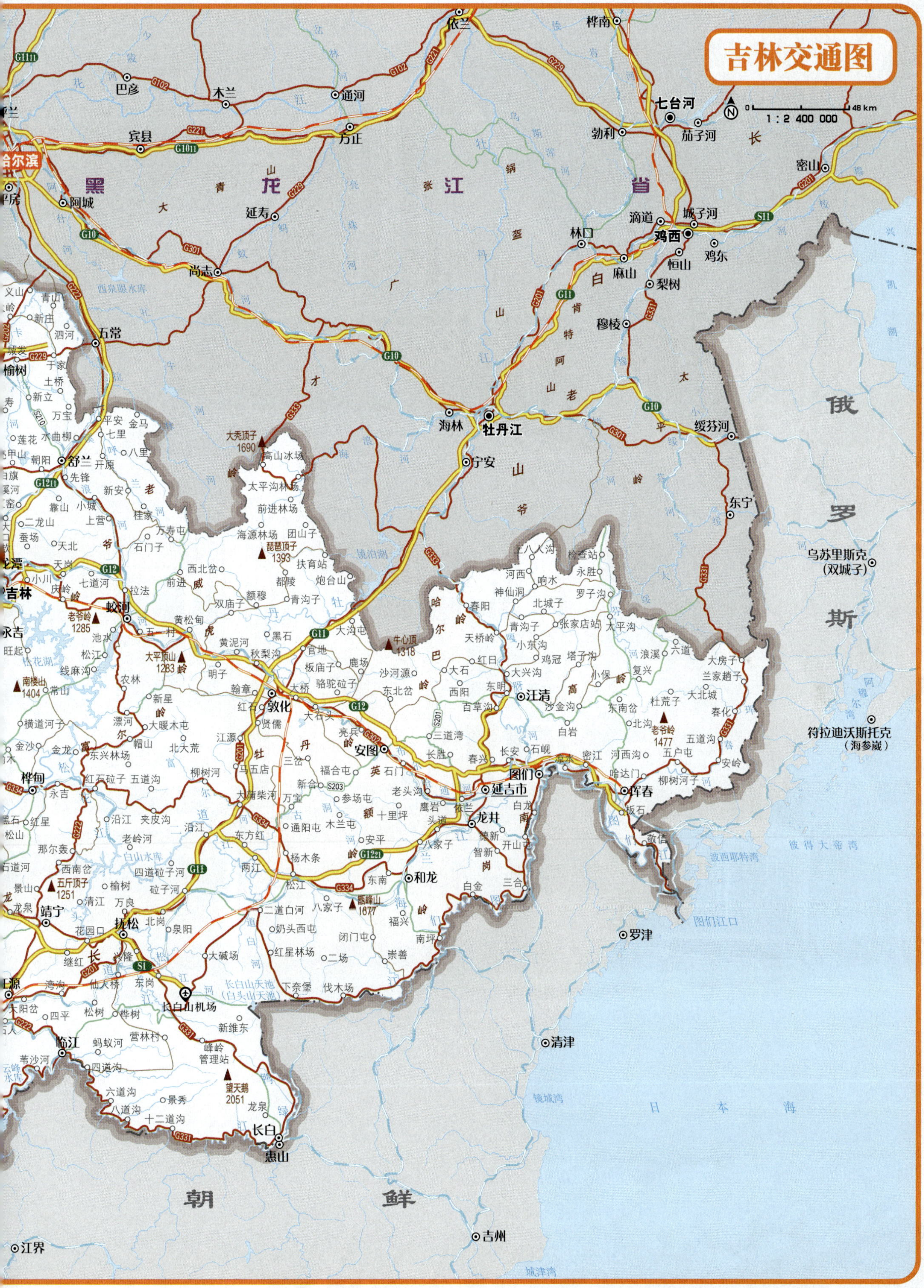
吉林交通图
1：2 400 000
48 km
黑龙江省
俄罗斯
朝鲜
日本海
哈尔滨
阿城
宾县
巴彦
木兰
通河
方正
依兰
桦南
七台河
勃利
茄子河
密山
鸡西
滴道
城子河
恒山
鸡东
林口
麻山
梨树
穆棱
牡丹江
海林
宁安
绥芬河
东宁
延寿
尚志
五常
舒兰
吉林
蛟河
敦化
安图
汪清
图们
延吉市
龙井
和龙
珲春
防川
抚松
靖宁
临江
长白
惠山
长白山机场
乌苏里斯克
(双城子)
符拉迪沃斯托克
(海参崴)
罗津
清津
吉州
江界
彼得大帝湾
图们江口
镜城湾
大秃顶子
1690
琵琶顶子
1393
老爷岭
1285
大平顶山
1283
牛心顶
1318
老爷岭
1477
南楼山
1404
五斤顶子
1251
甑峰山
1677
望天鹅
2051
长白山天池
(白头山天池)
G10
G11
G12
G1011
G1211
G201
G221
G222
G229
G301
G302
G331
G333
G334
S1
S11
S201
S203

福

吉林
自驾游行前概览

吉林省位于中国东北地区中部，具有沿边近海优势，是全国九个陆地边境省份之一，也是国家生态建设试点省，自然保护区众多。吉林地貌形态差异明显，地势由东南向西北倾斜，呈现明显的东南高、西北低的特征。自驾出游可观赏到火山地貌、侵蚀剥蚀地貌和冲积平原地貌，还可以看到长白山、大黑山、张广才岭等山脉，以及草甸、湖泊、湿地、沙地区，风景美不胜收。冬季冰封，夏季凉爽，均适合自驾出游，但如果选择冬季来吉林游玩，记得提前换上雪地胎，带上雪铲和防冻玻璃水，天冷路滑，注意出行安全。

主要旅游资源

世界遗产 高句丽王城、王陵及贵族墓葬

国家5A级旅游景区 高句丽文物古迹、世界雕塑公园、净月潭、六鼎山、伪满皇宫博物院、长影世纪城、长白山

国家级风景名胜区 松花湖、八大部—净月潭、仙景台、防川

国家级自然保护区 伊通火山群、龙湾、鸭绿江上游、莫莫格、向海、天佛指山、长白山、大布苏、珲春东北虎、查干湖、雁鸣湖、哈泥、松花江三湖、波罗湖、黄泥河、汪清、靖宇、白山原麝、中生代火山、集安、石湖、园池湿地、头道松花江上游、甑峰岭

◀ 吉林市桦甸冰雪风情

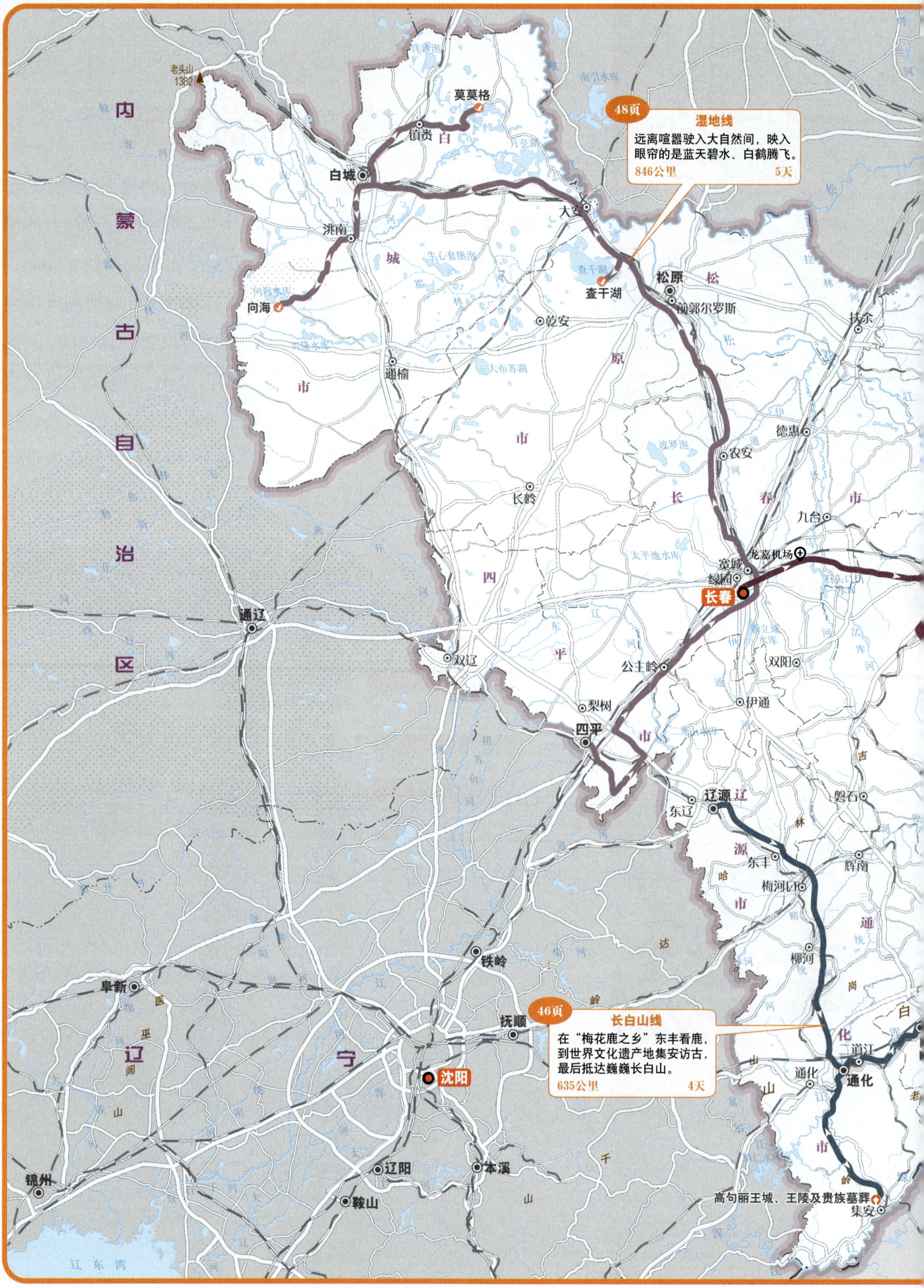

48页
湿地线
远离喧嚣驶入大自然间，映入眼帘的是蓝天碧水、白鹤腾飞。
846公里 5天
46页
长白山线
在“梅花鹿之乡”东丰看鹿，到世界文化遗产地集安访古，最后抵达巍巍长白山。
635公里 4天
老头山 1382
内蒙古自治区
莫莫格
镇赉
白城
洮南
向海
大安
查干湖
松原
前郭尔罗斯
乾安
通榆
长岭
农安
德惠
九台
扶余
龙嘉机场
宽城
绿园
长春
双辽
通辽
公主岭
双阳
伊通
梨树
四平
东辽
辽源
磐石
东丰
梅河口
辉南
柳河
铁岭
阜新
抚顺
沈阳
辽宁
二道江
通化
高句丽王城、王陵及贵族墓葬
集安
锦州
辽阳
本溪
鞍山
辽东湾
白城市
松原市
长春市
四平市
辽源市
通化市

吉林自驾线路总图

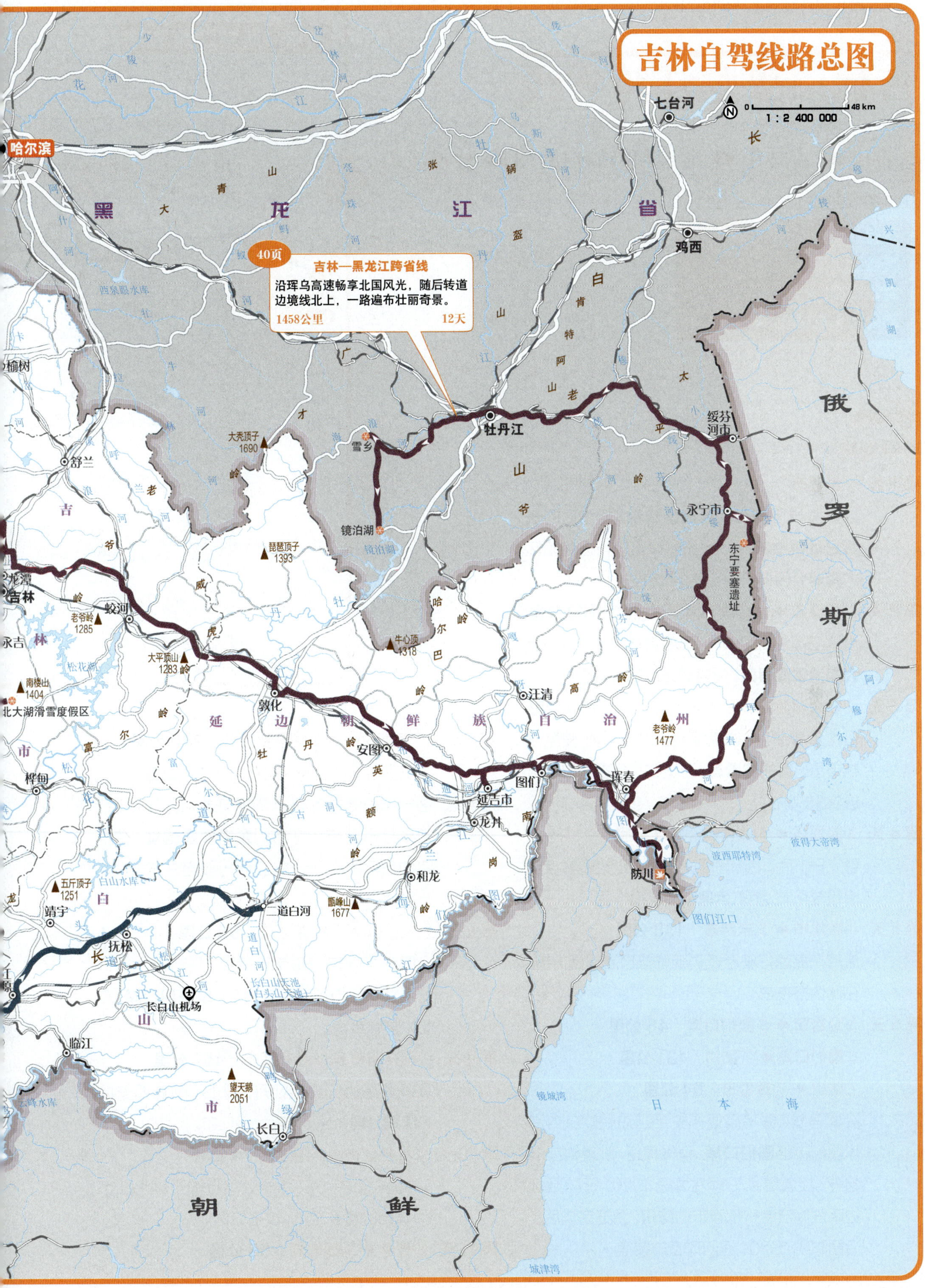

吉林自驾线路总图
0 48 km
1 : 2 400 000
40页
吉林—黑龙江跨省线
沿珲乌高速畅享北国风光，随后转道边境线北上，一路遍布壮丽奇景。
1458公里
12天
哈尔滨
七台河
鸡西
牡丹江
雪乡
镜泊湖
绥芬河市
永宁市
东宁要塞遗址
黑 龙 江 省
俄 罗 斯
朝 鲜
日 本 海
大秃顶子 1690
琵琶顶子 1393
老爷岭 1285
大平顶山 1283
南楼山 1404
牛心顶 1318
老爷岭 1477
五斤顶子 1251
甑峰山 1677
望天鹅 2051
舒兰
榆树
龙潭
吉林
永吉
蛟河
北大湖滑雪度假区
敦化
安图
汪清
图们
珲春
延吉市
龙井
和龙
防川
桦甸
靖宇
抚松
二道白河
长白山机场
长白山天池(白头山天池)
临江
长白
延 边 朝 鲜 族 自 治 州
吉 林 市
白 山 市
西泉眼水库
松花湖
白山水库
云峰水库
图们江口
波西耶特湾
彼得大帝湾
镜城湾
城津湾

线路一

吉林—黑龙江跨省线

长春市 ➡ 吉林市 ➡ 延边朝鲜族自治州 ➡ 牡丹江市

里程: 1458 公里
天数: 12 天
驾驶难度: ★★★★☆
新能源车友好度: ★☆☆☆☆

行程安排

第 1 天 ①长春市

游览宽城区的**伪满皇宫博物院**、朝阳区的**长影旧址博物馆**，有余力的话，可以再去朝阳区的**南湖公园**逛逛。夜宿长春市。

第 2 天 ①长春市 ➡ ②北大湖滑雪度假区 172 公里

沿珲乌高速、S206 行驶至吉林市永吉县的**北大湖滑雪度假区**。滑完雪后，在此夜宿。

第 3 天 ②北大湖滑雪度假区 ➡ ③雾凇岛 100 公里

沿沈吉高速、吉林绕城高速、X032 行驶至吉林市昌邑区的**雾凇岛**。游览完毕后夜宿景区附近农家院。

第 4 天 ③雾凇岛 ➡ ④敦化市 207 公里

看完日出后，沿珲乌高速行驶至延边朝鲜族自治州敦化市，游览**六鼎山**后夜宿市区。

第 5 天 ④敦化市 ➡ ⑤延吉市 138 公里

沿珲乌高速行驶至延边朝鲜族自治州延吉市，在此休整夜宿。

第 6 天 ⑤延吉市 ➡ ⑥图们口岸 48 公里
⑥图们口岸 ➡ ⑦防川 131 公里
⑦防川 ➡ ⑧珲春市 64 公里

沿珲乌线、珲乌高速行驶至延边朝鲜族自治州图们市的**图们口岸**，稍做停留，眺望对岸的朝鲜。接着继续沿珲乌高速、S201 行驶至延边朝鲜族自治州珲春市的**防川**。游览完毕后，沿圈防线、S201 返回珲春市夜宿。

第 7 天 ⑧珲春市 ➡ ⑨东宁要塞遗址 240 公里
⑨东宁要塞遗址 ➡ ⑩东宁市 24 公里

这一天由吉林省进入黑龙江省，沿 G331 行驶至牡丹江市东宁市的**东宁要塞遗址**。游览完毕后，沿 X095、东三线行驶至东宁市，在此夜宿。

第 8 天 ⑩东宁市 ➡ ⑪绥芬河市 50 公里

沿绥满高速东宁口岸连接线、乌苏里大街行驶至牡丹江市绥芬河市，游览**绥芬河口岸**，在此休整并夜宿。

第 9 天 ⑪绥芬河市 ➡ ⑫牡丹江市 157 公里

沿绥满高速行驶至牡丹江市区，前往西安区的**江滨公园**游览，夜宿牡丹江市。

第 10 天 ⑫牡丹江市 ➡ ⑬雪乡 74 公里

沿海长旅游公路、大林公路行驶至牡丹江市海林市的**雪乡**游览，夜宿景区。

第 11 天 ⑬雪乡 ➡ ⑭镜泊湖 53 公里

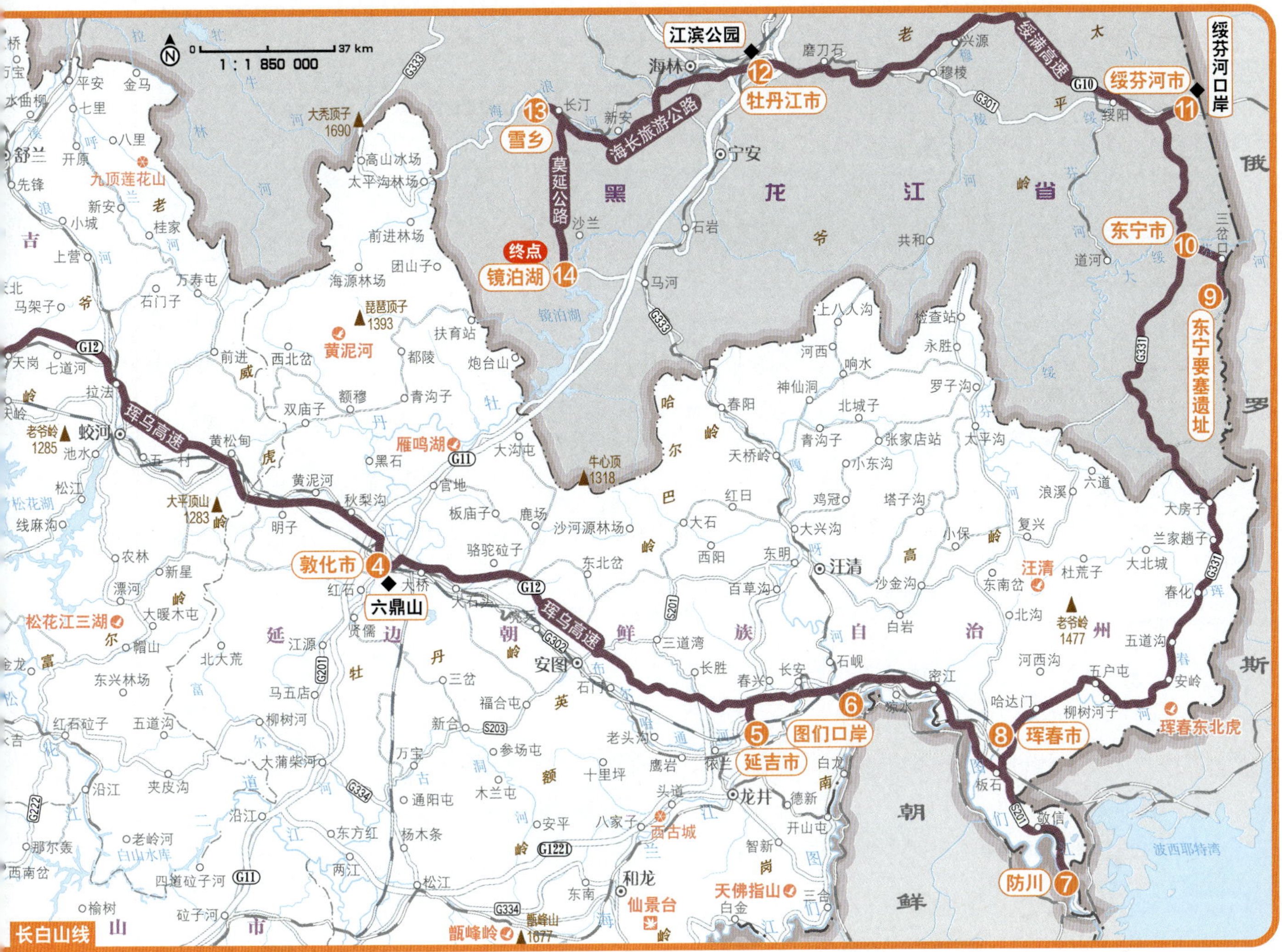

沿大林公路、长久公路、莫延公路行驶至牡丹江市宁安市的**镜泊湖**，并在此住宿（自驾车停在景区北门外的停车场）。

第 12 天 ⑭镜泊湖

游览镜泊湖，结束行程。

▼ 伪满皇宫博物院展厅内景

途中亮点

长春市 0431

◆伪满皇宫博物院 见 42 页地图

伪满皇宫博物院是中国末代皇帝爱新觉罗·溥仪在伪满洲国称帝的宫廷旧址，是日本殖民统治中国东北 14 年的历史见证，也是近代长春城市变迁的地标式建筑群。景区以宫廷核心区为主，包括内廷主楼缉熙楼、外廷主楼勤民楼，以及怀远楼、同德殿和东御花园等建筑。宫廷整体建筑风格古今并陈、中外杂糅，在建筑风格上真实地反映出当时中国东北的特殊社会状况。另外，博物院还设有伪满皇宫历史遗物展，展出了溥仪的亲笔日记、衣帽、中西餐具等曾用品，以及日伪时期留存的一些文物，展品大部分为原件。

门票：70 元

营业时间：4 月 16 日至 10 月 15 日 8:30—17:20，10 月 16 日至次年 4 月 15 日 8:30—16:50

微信公众号：伪满皇宫博物院

◆**长影旧址博物馆** 见 42 页地图

长影旧址博物馆展出了长春电影制片厂的前身"株式会社满洲映画协会"的兴建与衰亡，以及东北电影公司的成立与迁移，是长影集团在完整保留 1937 年原"满映"建筑的基础上，本着"修旧如旧"的原则修缮完成的。博物馆通过文物保存、艺术展览、电影互动等形式，呈现了电影艺术、电影道具、电影特技、电影工艺、电影生产等多重主题，展现了大量鲜为人知的幕后故事和历史史料，是记录长春电影制片厂发展变迁的重要殿堂。博物馆展厅中间还按照 1：1.5 的比例还原了兴山时期东北电影制片厂厂门。

门票：90 元

营业时间：5 月 1 日至 10 月 7 日 9:00—

▼长影旧址博物馆

吉林省

17:30，10 月 8 日至次年 4 月 30 日 9:00—16:30

微信公众号：长影旧址博物馆官方平台

◆南湖公园 见 42 页地图

这个呈等腰三角形的大型城市公园是长春市民对郊野公园不太感冒的原因之一：在城中心已经有了南湖，何必舍近求远？面积达 200 余公顷的南湖公园始建于伪满时代，当时是溥仪的郊野公园。由北面正门进入，可以看到门口矗立的解放长春纪念碑。由 2 号门进入，可以租船游湖，或是沿着东侧的长堤散步。秋季适合从 6 号门进入白桦林里散步，而冬天公园内也会不时举办冰灯游园会。另外，在公园东南角有游泳区，冰天雪地里，冬泳的勇士们也是长春一景。

门票：免费

营业时间：全天开放

吉林市　0432

◆北大湖滑雪度假区 见 40 页地图

北大湖于 1993 年由国家体委投资兴建，曾举办国际雪联自由式滑雪世界杯、亚洲冬季运动会等多项重大体育赛事，具备承办各种级别国际赛事的条件，这也注定了北大湖的特点：专业且价格不菲。北大湖把雪季分为不同阶段，收费标准也随之不同：初雪和冬雪期在 11 月末至 12 月末，春雪期在 2 月中至 3 月末，这期间价格相对便宜；粉雪期在 12 月末至次年 2 月中，价格相对上涨；春节期间价格最高。北大湖滑雪教练收费标准根据级别、时间和人数的不同而变化，费用为几百至数千元不等。

门票：4 小时 350 元起

营业时间：8:30—16:30，根据情况开放夜场

微信公众号：北大湖滑雪度假区

◆雾凇岛 见 40 页地图

雾凇岛是松花江上的一座小岛，位于吉林省吉林市龙潭区乌拉街满族镇。镇上的韩屯、曾通屯等村落是雾凇最为集中的地方，也是观赏和拍摄雾凇的最佳地。尤其是曾通，素有“赏雾凇，到曾通”的说法。雾凇岛的最佳观赏季节是每年 12 月下旬到次年 2 月底，每天最理想的雾凇拍摄时间为 10:00—11:30。岛上住宿餐饮选择丰富，村民也会在家里布置一些客房给游人住，可以在这里盘腿坐在火炕上，喝杯烧酒，品尝小鸡炖蘑菇。

门票：20 元

▲ 南湖公园

▼ 雾凇岛

营业时间： 11 月 20 日至次年 2 月 20 日 6:10—13:50

微信公众号： 吉林松花湖雾凇岛景区

延边朝鲜族自治州 0433

◆六鼎山 见 41 页地图

六鼎山文化旅游区位于敦化市南部，共划分为八个功能区。景区内拥有唐代渤海国最早的王室贵族墓葬群、第一批全国重点文物保护单位六鼎山古墓群、世界最大的满族祭祀祠堂清祖祠、世界最高的露天铜铸坐佛金鼎大佛、世界知名尼众道场敦化正觉寺等景点。六鼎山文化旅游区地处长白山腹地，还是天然的森林氧吧、避暑胜地，六鼎山与湿地群、云龙山、圣莲湖等共同构成一座自然生态天堂。

门票： 110 元（含观光车）

营业时间： 7:30—17:00

微信公众号： 六鼎山文化旅游区

◆图们口岸 见 41 页地图

因图们江而得名的图们市干净整洁，这座城市是中国对朝鲜的第二大陆路口岸，有公路、铁路两个口岸，过桥即是朝鲜的南阳市，那里诞生了朝鲜的"国母"、金日成的妻子金正淑。图们公路口岸立在 1941 年建成的图们江大桥桥头，登上国门可以用望远镜清晰地看到朝鲜大楼上金氏父子的照片；继续向南走 600 米就是图们铁路口岸。图们江边也是散步的好地方，可遇见中朝 86 号、87 号界碑，后者一旁是日光山森林公园的入口，爬上台阶正是俯拍中朝两国的最佳视角。

门票： 25 元

营业时间： 8:00—17:00

◆防川 见 41 页地图

防川景区位于图们江口中、朝、俄三国的交界处：景区东南部与俄罗斯哈桑斯基县陆路接壤，西南方向隔着图们江（朝鲜称豆满江）则是朝鲜的罗先市。从地图上看，这片地区就像是一只朝大海伸出的孤单手臂。景区内有历史悠久的图们江红莲、清代勘立的中俄"土字牌"界碑、日苏张鼓峰战役遗址、防川朝鲜族民俗村等景点。天气晴朗时，登上观海阁，不仅能"一眼看三国"，还能看到图们江出海口。防川岛上还可以坐船游览对面朝鲜的异国风景。

门票： 78 元（含乘车券 7 元，保险 1 元）

营业时间： 8:30—16:00

微信公众号： 珲春防川景区

▲ 雪乡

牡丹江市 0453

◆东宁要塞遗址 见 41 页地图

作为亚洲最大的军事要塞、"二战"的最后战场，东宁要塞正面宽 100 多公里，纵深 50 多公里，筑有永备工事 400 余个、地下弹药库 87 座、野战阵地 45 处、机场十余处，还有野战医院、反坦克壕，以及交通和给水等后方补给工程。对游人开放的是中等规模的勋山地下要塞，与俄罗斯仅一墙之隔，分三层，内如迷宫，甬道纵横交错，分布着指挥所、医疗所、无线电室、贮藏室等场所。旁边的东宁要塞博物馆则展出了大量日军侵略中国的证物和历史照片。

门票： 免费

营业时间： 5 月 1 日至 10 月 31 日 8:30—16:30，11 月 1 日至次年 4 月 30 日 9:00—16:00

微信公众号： 东宁要塞

◆绥芬河口岸 见 41 页地图

绥芬河坐落在长白山北端，是一座风光秀丽的山城，东与俄罗斯滨海边疆区接壤，作为国际通商口岸已有近百年历史。"绥芬"在满语里意为"锥子"，因绥芬河里生长着一种尖锐如锥的钉螺，满族人以此命名。1999 年，经中俄两国政府外交换文，绥芬河中俄互市贸易区建立。绥芬河处于东北亚经济圈的中心地带，是中国通往日本海的唯一陆路贸易口岸，距俄远东最大的港口城市符拉迪沃斯托克（海参崴）230 公里，有一条铁路、两条公路与俄罗斯相通。这里还有国门旅游区，可以从旅游区走到边境线和界碑合影。

门票： 48 元

营业时间： 8:00—16:00

◆江滨公园 见 41 页地图

江滨公园是 1983 年按照城市总体规划要求建立的，陆地面积（含江中三岛）约 102 万平方米。公园东起老电厂，西至西三条路牡丹江大桥，南含江中三岛，北与市区相连，江沿呈带状，是牡丹江沿江绿带的主体。江滨公园分为纪念广场瞻仰区、水上活动区、老年活动区、花卉观赏区、安静休息

吉林省

区、青年娱乐活动区、儿童游乐区、餐饮服务区、园内生产区等 9 大功能区。公园历经十余年的建设，已成为多功能的省甲级公园。近年来，又在江心岛上建成占地 9 万平方米的雪堡。

门票：免费

营业时间：全天开放

◆雪乡 见 41 页地图

中国雪乡风景区位于牡丹江市西南部，地处长白山脉张广才岭与老爷岭的交会处，原为大海林林业局双峰林场场部，产业转型后改造为旅游风景区。风景区属于雪乡国家森林公园的一部分，因贝加尔湖的冷空气与日本海暖湿气流在此频繁交汇，加之山高林密，这里形成了“夏无三日晴，冬雪漫林间”的奇特小气候，每年 10 月开始降雪，雪期长达 7 个月，积雪厚度可达 2 米左右。雪乡的核心区域是一条四五百米长的雪韵大街，聚集了游客服务中心、邮局、旅馆、饭店和超市。

门票：120 元

营业时间：全天开放

微信公众号：雪乡

◆镜泊湖 见 41 页地图

1 万多年前，历经三次火山喷发，熔岩阻塞了牡丹江古河道，形成了如今中国最大的熔岩堰塞湖——镜泊湖。由河变湖的镜泊湖号称“百里长湖”，恬静的山水风光在中华人民共和国成立后，被东北乃至中央的各大机关相中，成为老牌的疗养度假地。景区的明星景点是位于长湖北端的吊水楼瀑布。这是黑龙江第一大瀑布，幅宽约 40 米，落差 20 米。观瀑以夏秋暴雨后为最佳，若遇到三面溢水可谓不虚此行；日落时分，瀑布染上霞光，犒赏着守候多时的摄影爱好者；隆冬的冰瀑同样壮观。让人印象深刻的还有瀑布四周的火山熔岩地貌。

门票：5 月 1 日至 10 月 31 日 100 元，11 月 1 日至次年 4 月 30 日 50 元

营业时间：全天开放

微信公众号：镜泊湖

食宿推荐

当地美食

长春市 雪衣豆沙、烧鹿尾、熏肉大饼

吉林市 锅包肉、白肉血肠、清蒸白鱼

延边朝鲜族自治州 辣白菜、打糕、冷面、包饭、米肠

牡丹江市 镜泊湖风味鱼宴、玫瑰酥饼、吊炉饼

热门住宿地

长春市 长春站、万达广场、长春西站、南岭体育场

吉林市 吉林站、丰满区、昌邑区

敦化市 六鼎山、敦化站

延吉市 延边大学、中国朝鲜民俗园、延吉站

珲春市 防川、珲春站、世纪广场

东宁市 东宁要塞遗址、绥阳站

绥芬河市 国门旅游区、绥芬河站、中心广场

牡丹江市 牡丹江站、步行街、西安区

▼ 镜泊湖

线路二

长白山线

辽源市 ➡ 通化市 ➡ 白山市 ➡ 延边朝鲜族自治州

里程：635 公里
天数：4 天
驾驶难度：★★★☆☆
新能源车友好度：★★☆☆☆

▲ 高句丽文物古迹

行程安排

第 1 天 ①辽源市 ➡ ②养鹿官山园 **57 公里**
②养鹿官山园 ➡ ③通化市 **138 公里**
从辽源市市区出发，沿辽河大路、集双高速行驶至东丰县**养鹿官山园**。游览完毕后，沿集双高速行驶至通化市市区，在此夜宿。

第 2 天 ③通化市 ➡ ④高句丽文物古迹 **92 公里**
④高句丽文物古迹 ➡ ⑤白山市 **157 公里**
沿集双高速行驶至通化市集安市的**高句丽文物古迹**。游览完毕后，沿集双高速、鹤大线行驶至白山市，在此夜宿。

第 3—4 天 ⑤白山市 ➡ ⑥二道白河镇 **191 公里**
沿鹤大高速、S304 行驶至延边朝鲜族自治州安图县二道白河镇，以此为大本营游览**长白山北景区**。

途中亮点

辽源市 0437

◆养鹿官山园 见 47 页地图

东丰县地处长白山余脉，是典型的半山区，独特的生态和气候环境及充足的饲料资源极适于梅花鹿的生长繁育，于是这里也有“梅花鹿之乡”的美称。养鹿官山园位于东丰县城南照山公园内，该园是国内首个以梅花鹿为主题的观赏园，体现了鹿乡特色和历史文化。园区占地面积 16.2 万平方米，主要包括赏鹿互动广场、群鹿雕塑，以及景观小品、旱溪、玻璃栈道等设施。游客们在园区内可以与梅花鹿近距离接触、互动，感受人与自然的和谐之美。

门票：免费

营业时间：9:00—15:30

通化市 0435

◆高句丽文物古迹 见 47 页地图

高句丽是西汉到隋唐时期东北地区出现的一个具有重要影响力的边疆民族，鼎盛时期其势力范围包括吉林东南部、辽河以东和朝鲜半岛北部。高句丽王城包括国内城、丸都山城、王陵及贵族墓葬。国内城、丸都山城是高句丽公元 1 世纪至 5 世纪的都城。建筑将平原城与山城连成一体，周边分布了一万多座高句丽时代的古墓，因此又被称为“洞沟古墓群”。洞沟古墓群中主要包括以将军坟、太王陵为代表的 14 座大型高句丽王陵，以及大量的王室贵族壁画墓。这些壁画墓和陵墓从不同侧面反映了高句丽的历史进程，也是留给人类弥足珍贵的文化与艺术瑰宝。

门票：联票 70 元（含丸都山城、好太王碑、长寿王陵三处景点）

营业时间：7:30—18:00

延边朝鲜族自治州 0433

◆长白山北景区 见 47 页地图

长白山有北、西、南三个景区，其中北景区全年开放，景点最多，开发最成熟。景区内禁止自驾，先坐景区大巴到天池换乘站，乘登山车约半小时抵达天池。盘山路又弯又窄，惊险刺激。天池是山顶的一座火山口湖，岚光水色，风景幽丽，无奈气候变幻莫测、冷热交加（可租军大衣），看不到天池也不必捶胸顿足。从天池下来，换大巴走另一条路上山，然后按照“长白瀑布（水大雾大）—聚龙温泉群（尝尝温泉蛋）—绿渊潭

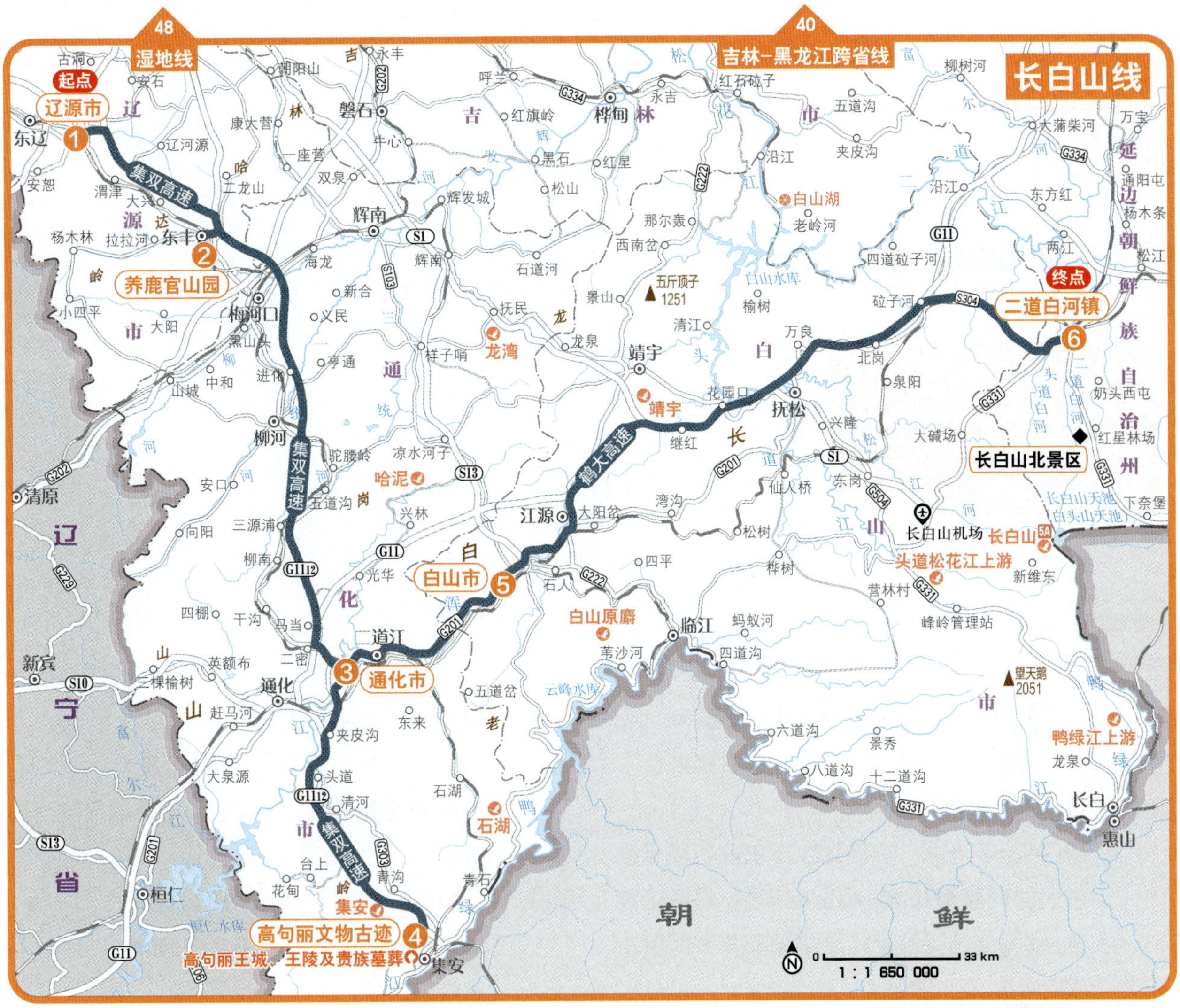

▼ 长白山天池

（想起九寨沟）—小天池（水只进不出）—地下森林（不少人放弃了这里，建议来看看）”的顺序，一路下行游览。

门票： 225 元（含交通）

营业时间： 5 月 1 日至 9 月 3 日 7:00—17:00，9 月 4 日至次年 4 月 30 日 8:00—17:00

微信公众号： 长白山

食宿推荐

当地美食

辽源市 瓦罐煨汤、小笨鸡炖蘑菇、蒸饺、酸菜炖血肠、猪肉炖粉条

通化市 大黄米年糕、黏豆包、油炸糕

白山市 冷面、狗肉汤、煎粉、打糕

延边朝鲜族自治州 辣白菜、打糕、冷面、包饭、米肠

热门住宿地

通化市 东昌区、通化站、二道江区

白山市 浑江区

线路三

湿地线

四平市 ➡ 松原市 ➡ 白城市

里程：846 公里
天数：5 天
驾驶难度：★★★☆☆
新能源车友好度：★★☆☆☆

行程安排

第 1 天 ①四平市 ➡ ②叶赫那拉城　42 公里

②叶赫那拉城 ➡ ③前郭尔罗斯蒙古族自治县　316 公里

从四平市区出发，沿沥山路、X053 行驶至铁东区的**叶赫那拉城**。游览完毕后，沿京哈高速、珲乌高速行驶至松原市前郭尔罗斯蒙古族自治县，在此夜宿。

第 2 天 ③前郭尔罗斯蒙古族自治县 ➡ ④查干湖　52 公里

沿珲乌高速、查干湖大路行驶至查干湖，游览完毕后在景区内夜宿。

第 3 天 ④查干湖 ➡ ⑤白城市　171 公里

继续游览**查干湖**，然后沿珲乌高速行驶至白城市区，在此夜宿。

第 4 天 ⑤白城市 ⬌ ⑥向海　183 公里

沿洮白一级公路、S518 前往**向海**，然后返回白城市夜宿。

第 5 天 ⑤白城市 ➡ ⑦莫莫格　82 公里

沿双嫩高速、X103 前往**莫莫格**，游览完毕后结束行程。

▼ 叶赫那拉城皇后馆

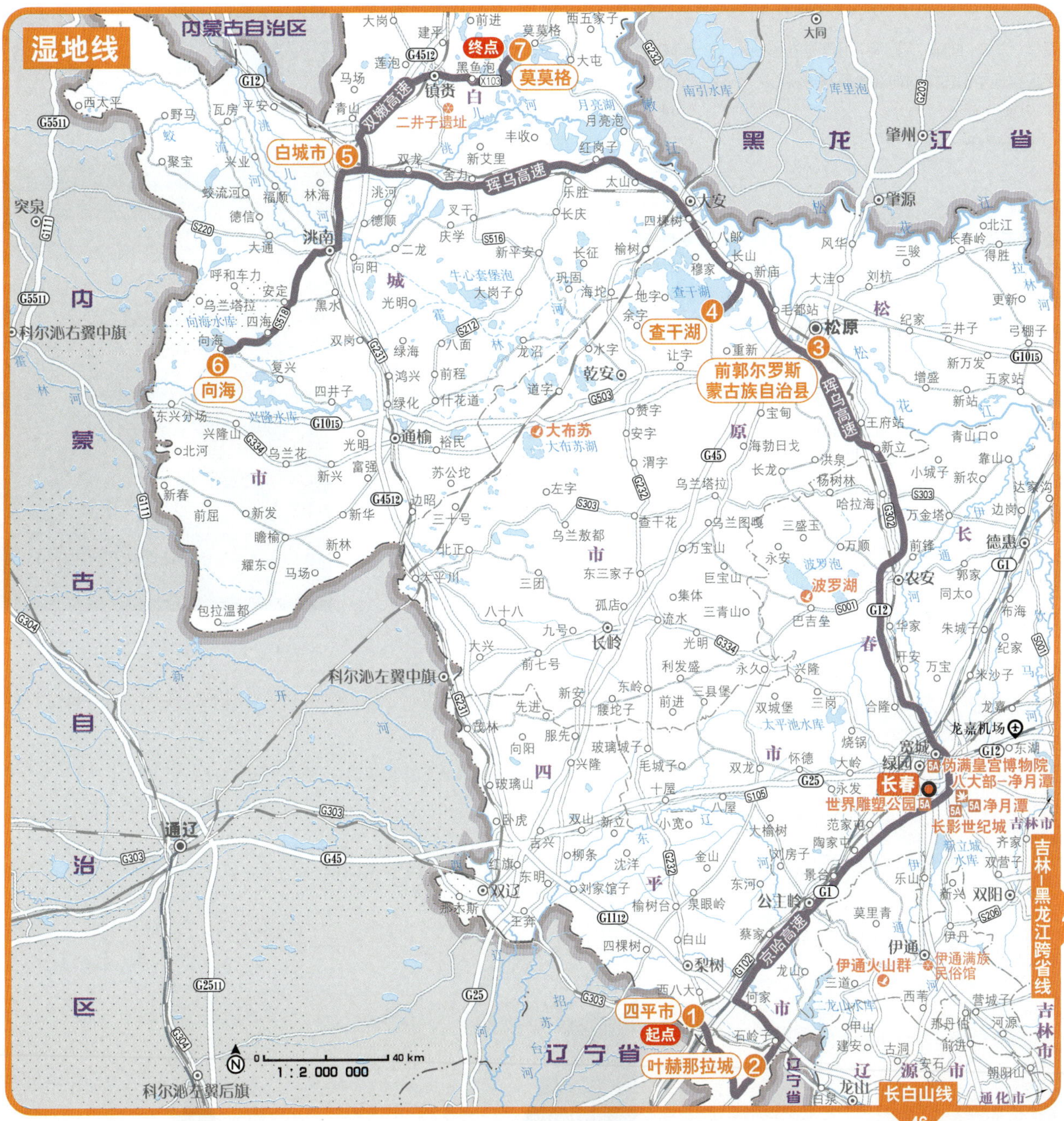

途中亮点

四平市 0434

◆叶赫那拉城 见 49 页地图

叶赫那拉城原址曾属于叶赫国，是满族的重要发祥地之一，也是清初皇太极生母孝慈高皇后的出生地和清末慈禧太后、隆裕太后的祖籍地，以“三代皇后的故乡”闻名。现今的叶赫那拉城复建于 1994 年，坐落于群山环抱的转山湖畔，冈峦起伏，绿柳成荫，转山湖水呈“S”形绕山而行。城内景点有驿站、议事堂、公主楼、民俗馆、皇后馆、慈禧太后展厅、努尔哈赤展馆等，深刻展示叶赫先人浓郁的民族文化。此外，城内还有城隍庙、观

▼ 叶赫那拉城

音堂、鬼城、神宫、天宫等，用声光电等技术手段再现中国古代的神话故事与传说。

门票： 60 元

营业时间： 8:00—16:00

松原市 0438

◆查干湖 见 49 页地图

因《舌尖上的中国》而声名鹊起的查干湖，如今每到冬捕季就会迎来大量游客，这个辽代曾为契丹贵族捕鱼之地的湖泊，除了观冬捕、尝鲜鱼，春夏季也可以作为短暂停留的休憩地。查干湖所在的前郭尔罗斯蒙古族自治县是吉林唯一的蒙古族自治县，冬捕渔猎文化也由此发源。湖区分为南湖和北湖，食宿大多集中在南湖附近，北湖则是真正意义上的查干湖——祭湖和冬捕都在此进行。春夏季到访，南湖岸边长满荷花和芦苇荡，乘船观湿地赏荷花时，还可以看到鸬鹚、红嘴鸥等水鸟。如果冬季只为观看冬捕而来，也不虚此行。

门票： 免费

营业时间： 8:00—18:00

微信公众号： 查干湖景区

白城市 0436

◆向海 见 49 页地图

向海国家级自然保护区位于通榆县的科尔沁草原中部，面积约 1055 平方公里，是典型的草原地貌，已被列入《国际重要湿地名录》，以保护丹顶鹤等珍稀水禽和蒙古黄榆等稀有植物群落为主要目的。清乾隆皇帝曾在向海亲笔题下“云飞鹤舞，绿野仙踪。福兴圣地，瑞鼓祥钟”的碑文。在景区内，鹤岛散养着丹顶鹤，还有介绍自然保护区动植物、生态环境的湿地博物馆，以及建于清顺治年间的喇嘛寺——香海寺。

门票： 通票 70 元

营业时间： 8:00—17:00

▼ 查干湖

▲ 向海

▲ 保护区的丹顶鹤

◆莫莫格 见 49 页地图

莫莫格国家级自然保护区位于镇赉县的嫩江与洮儿河交汇处，总面积 1440 平方公里，东与黑龙江省隔江相望，北与内蒙古毗邻，是科尔沁草原上的一颗璀璨明珠。保护区还被国际湿地公约组织列入了《国际重要湿地名录》，是中国重要的候鸟繁殖地和迁徙停歇地，共计有大鸨、丹顶鹤等近 120 种夏候鸟在此繁殖、迁徙过冬，尤其是全球公认的珍稀濒危物种——白鹤也会在此停留。保护区内河流纵横，湖泡洼地星罗棋布，生境复杂多样，主要的湿地类型有河滩苔草湿地、湖滩洼地芦苇湿地，以及碱蓬盐沼等。

门票: 60 元

营业时间: 5 月 1 日至 10 月 31 日 9:00—16:30

微信公众号: 吉林莫莫格国家级自然保护区

食宿推荐

当地美食

四平市 四平黏食、伊通烧鸽子、玻璃叶饼

松原市 烤全羊、酱骨头、鱼头泡饼、饭包

白城市 酸菜白肉、杨麻子大饼、酸菜锅、生拌鱼

热门住宿地

前郭尔罗斯蒙古族自治县 查干湖

白城市 白城站、白城大学城、洮北区

黑龙江省

▲ 圣·索菲亚大教堂

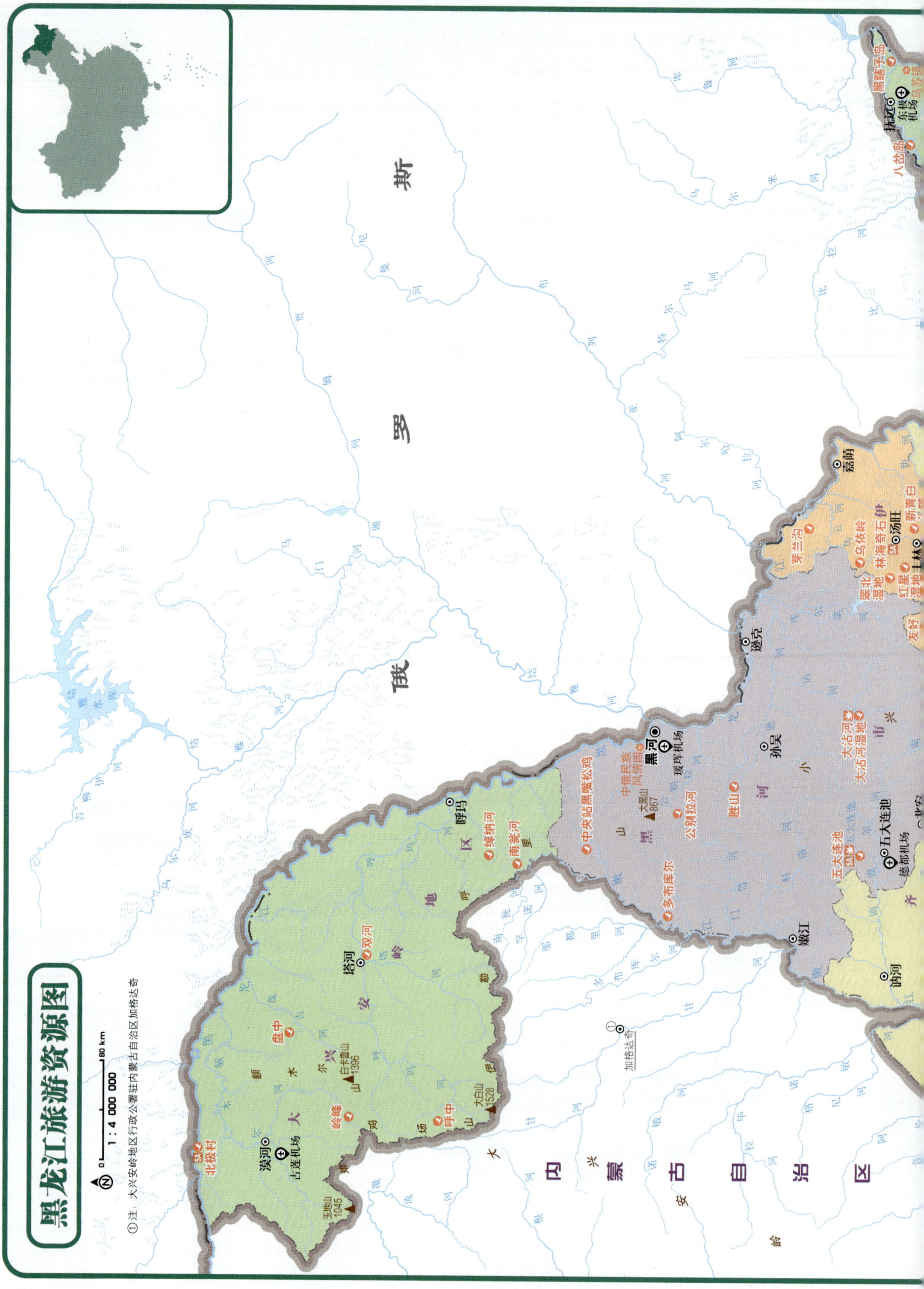
黑龙江旅游资源图
1：4 000 000
0
80 km
①注：大兴安岭地区行政公署驻内蒙古自治区加格达奇
俄罗斯
内蒙古自治区
大兴安岭地区
黑河市
北极村
漠河
古莲机场
塔河
双河
盘中
岭峰
呼中
呼玛
嫩江
讷河
加格达奇
黑河
瑷珲机场
孙吴
逊克
嘉荫
汤旺
五大连池
德都机场
五大连池
大沾河湿地
胜山
公别拉河
多布库尔
中央站黑嘴松鸡
中俄民族风情园
茅兰沟
乌依岭
抚远
东极机场
黑瞎子岛
八岔岛
白卡鲁山
1396
大白山
1528
大黑山
887
英吉里山
1045
结雅水库

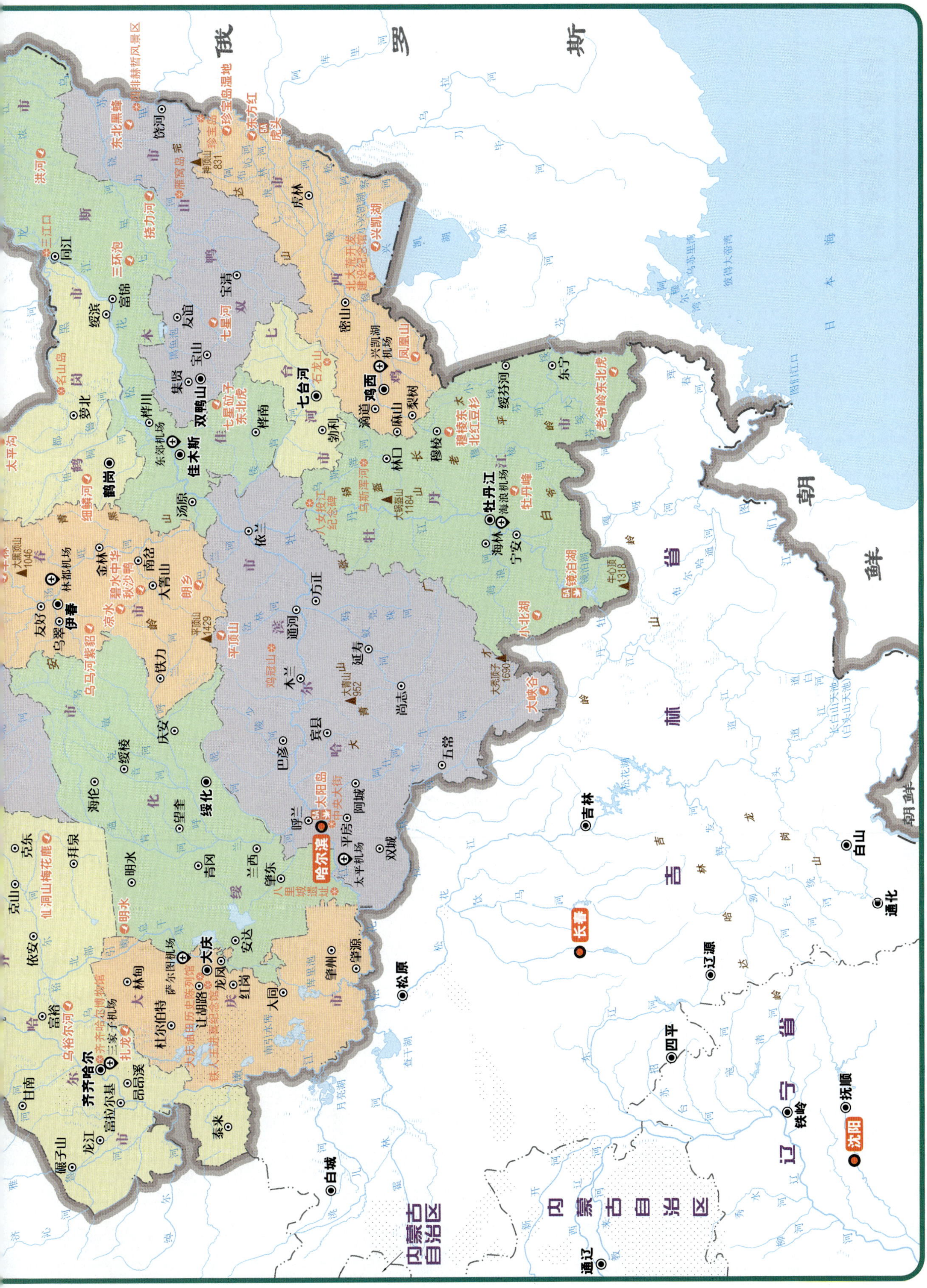
俄罗斯
日本海
朝鲜
吉林省
辽宁省
内蒙古自治区
哈尔滨
齐齐哈尔
牡丹江
佳木斯
大庆
鸡西
双鸭山
七台河
鹤岗
伊春
绥化
长春
吉林
沈阳
白城
松原
四平
辽源
通化
白山
铁岭
抚顺
通辽
虎林
密山
同江
富锦
宝清
饶河
绥芬河
东宁
穆棱
林口
海林
宁安
尚志
五常
阿城
双城
宾县
巴彦
木兰
通河
方正
依兰
延寿
桦南
桦川
汤原
集贤
友谊
萝北
绥滨
铁力
庆安
绥棱
海伦
望奎
青冈
兰西
肇东
安达
明水
拜泉
克东
克山
依安
富裕
甘南
龙江
泰来
杜尔伯特
林甸
肇州
肇源
兴凯湖
镜泊湖
太阳岛
中央大街

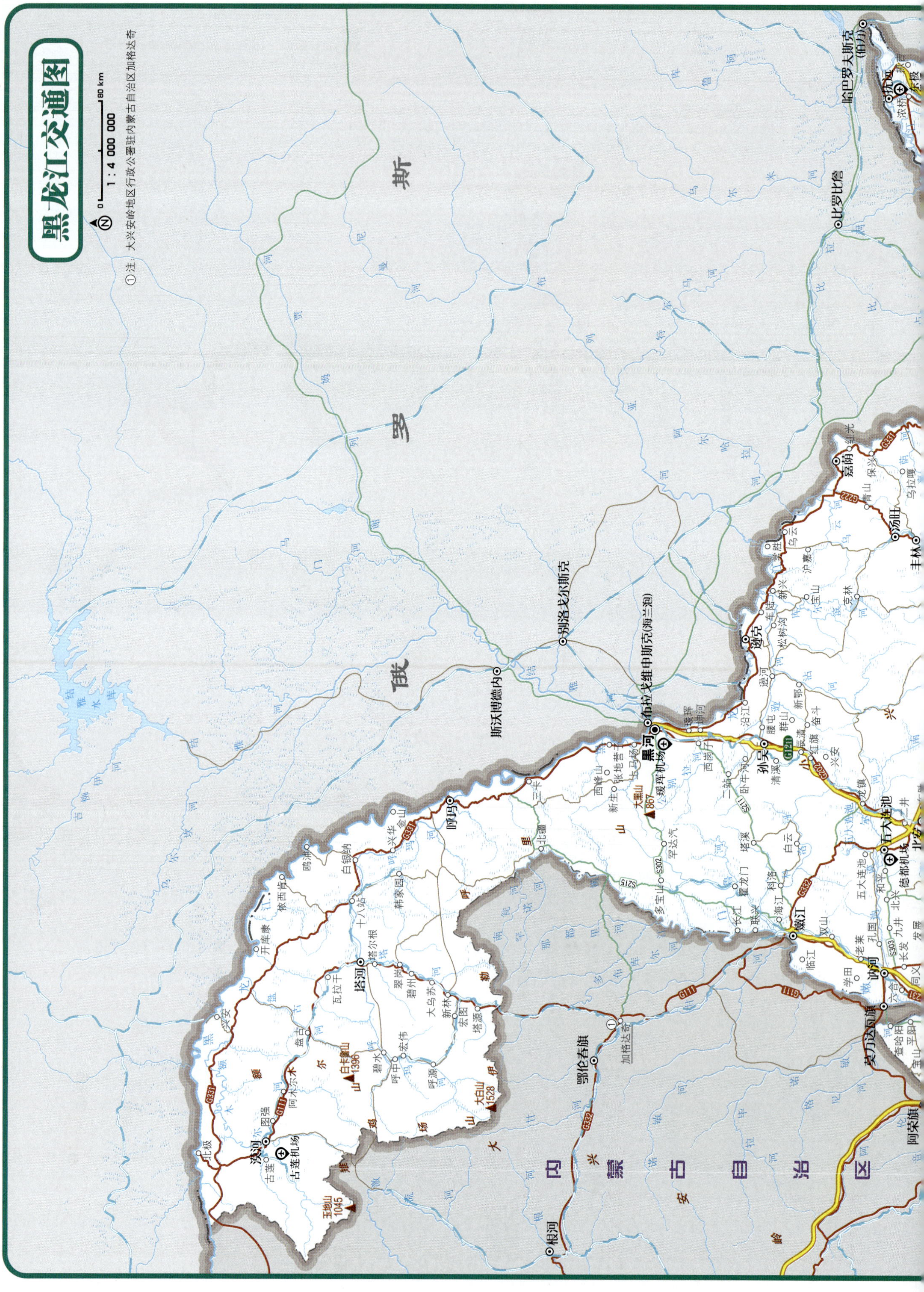
黑龙江交通图
1：4 000 000
0 80 km
①注：大兴安岭地区行政公署驻内蒙古自治区加格达奇
俄
罗
斯
斯沃博德内
别洛戈尔斯克
布拉戈维申斯克(海兰泡)
比罗比詹
哈巴罗夫斯克(伯力)
黑河
瑷珲机场
孙吴
逊克
嘉荫
汤旺
五大连池
德都机场
北安
嫩江
讷河
呼玛
塔河
漠河
古莲机场
加格达奇
鄂伦春旗
根河
莫力达瓦旗
阿荣旗
内
蒙
古
自
治
区
大
兴
安
岭
大白山 1528
白卡鲁山 1396
大黑山 867
王地山 1045

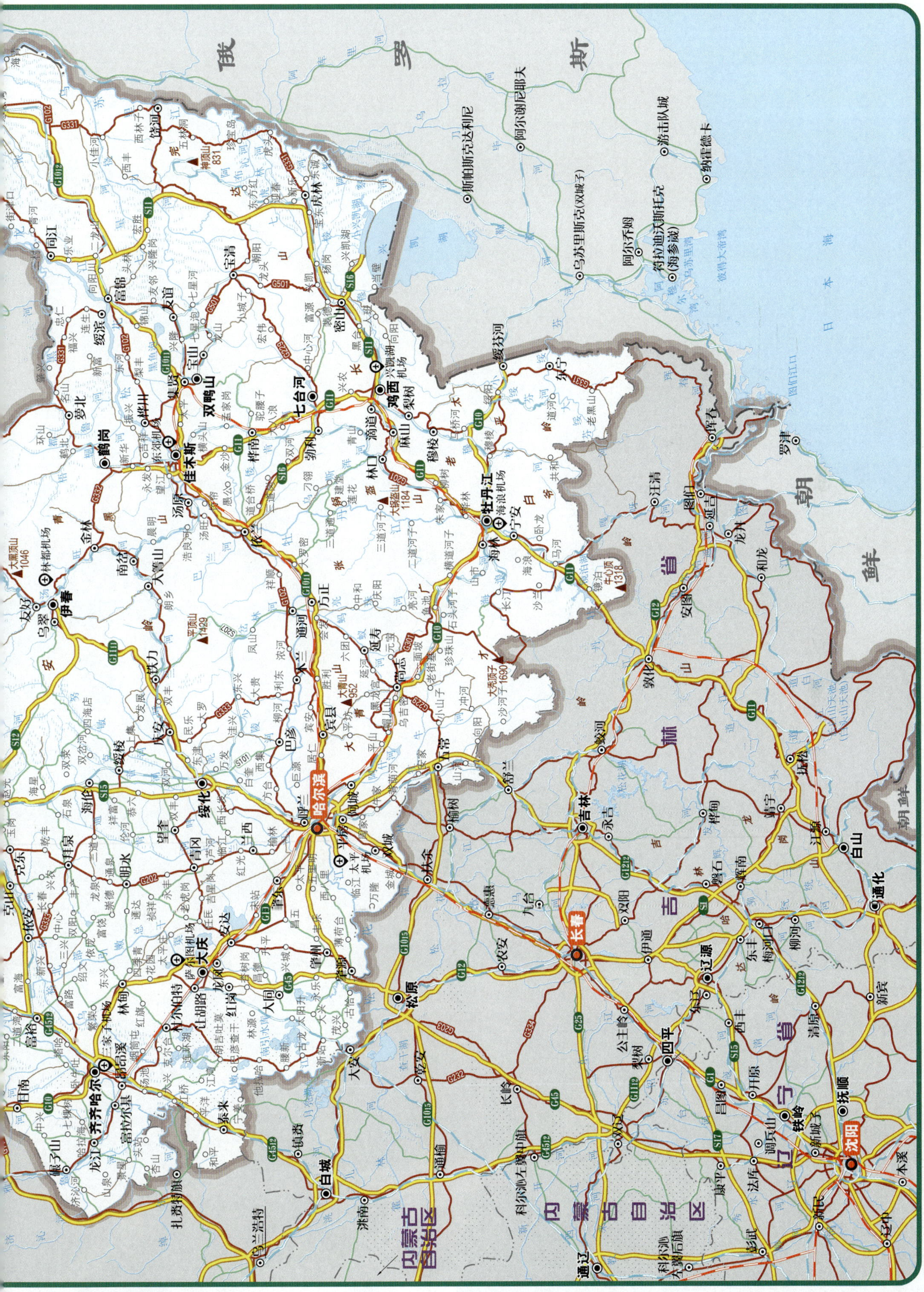
俄罗斯
朝鲜
日本海
哈尔滨
长春
沈阳
吉林
牡丹江
佳木斯
鸡西
双鸭山
七台河
鹤岗
伊春
绥化
大庆
齐齐哈尔
松原
四平
辽源
通化
白山
铁岭
抚顺
白城
延吉
图们
珲春
敦化
绥芬河
吉林省
辽宁省
内蒙古自治区
符拉迪沃斯托克(海参崴)

黑龙江
自驾游行前概览

黑龙江省位于中国东北部，中国国土的北端与东端均位于省境。黑龙江主要由山地、台地和平原构成。西北部为东北—西南走向的大兴安岭山地，北部为西北—东南走向的小兴安岭山地，东部为东北—西南走向的张广才岭、老爷岭和完达山；海拔在300米以上的丘陵地带约占全省面积的35.8%；东北部的三江平原、西部的松嫩平原，都是中国最大的东北平原的一部分，平原占全省总面积的37%。黑龙江是避暑的好去处，冬季则适合滑雪，届时自驾记得更换冬季轮胎，下雪时在驱动轮上使用防滑链，驾驶时保持速度平稳，防止侧滑。

★主要旅游资源

国家5A级旅游景区 林海奇石、太阳岛、北极村、镜泊湖、虎头、五大连池

国家级风景名胜区 镜泊湖、五大连池、太阳岛、大沾河

国家级自然保护区 扎龙、兴凯湖、七星河、东北黑蜂、丰林、凉水、三江、洪河、八岔岛、挠力河、牡丹峰、五大连池、呼中、南瓮河、凤凰山、乌伊岭、胜山、双河、红星湿地、珍宝岛湿地、穆棱东北红豆杉、东方红、大沾河湿地、新青白头鹤、友好、多布库尔、绰纳河、小北湖、三环泡、乌裕尔河、中央站黑嘴松鸡、茅兰沟、明水、太平沟、老爷岭东北虎、大峡谷、北极村、公别拉河、碧水中华秋沙鸭、翠北湿地、盘中、平顶山、乌马河紫貂、岭峰、黑瞎子岛、七星砬子东北虎、仙洞山梅花鹿、朗乡、细鳞河

◀ 大兴安岭阿巴河流域茫茫绿色林海

黑龙江自驾线路总图

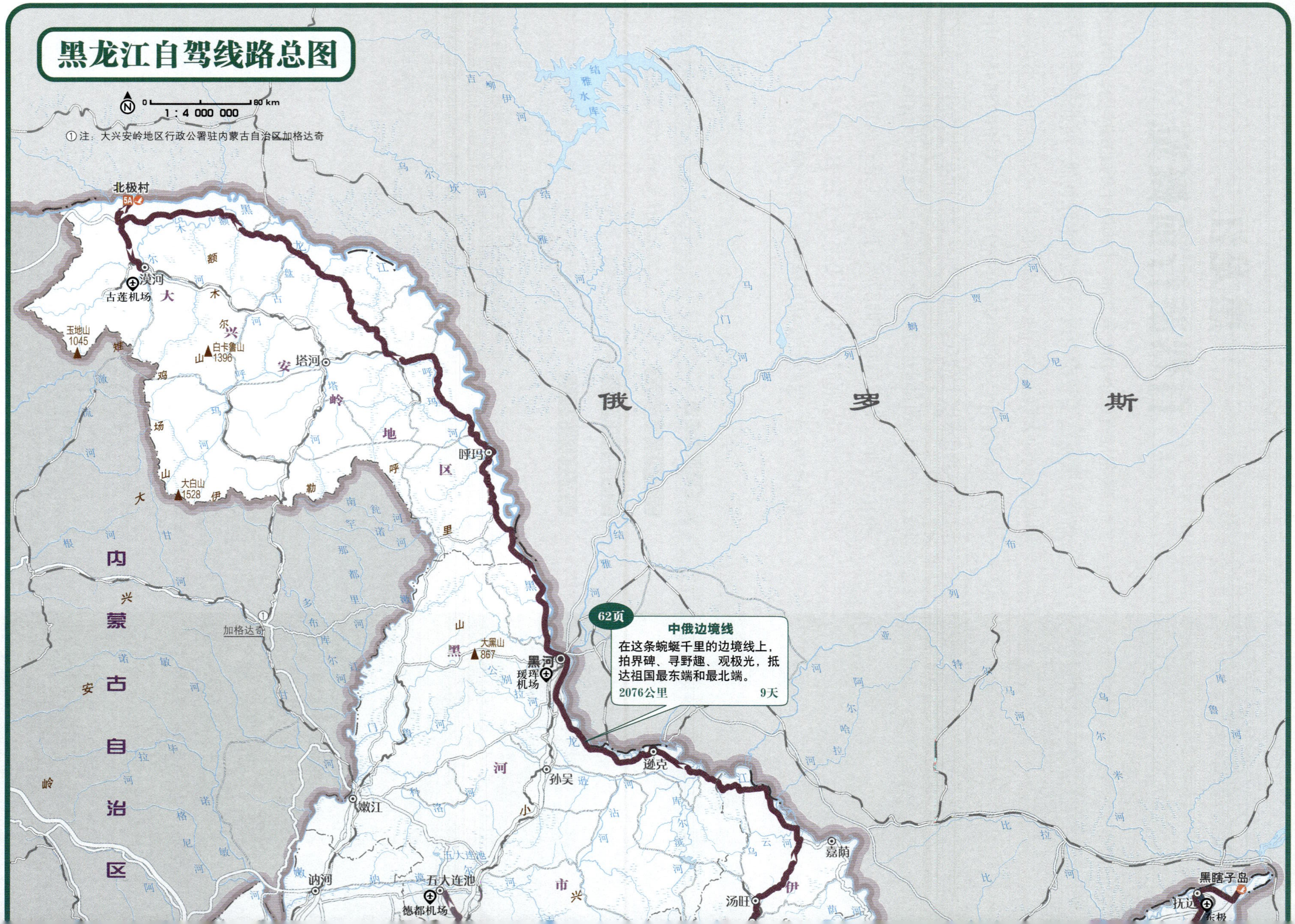
1：4 000 000
80 km
①注：大兴安岭地区行政公署驻内蒙古自治区加格达奇
北极村
漠河
古莲机场
塔河
呼玛
黑河
瑷珲机场
逊克
孙吴
嘉荫
汤旺
嫩江
讷河
五大连池
德都机场
加格达奇
黑瞎子岛
抚远
玉地山 1045
白卡鲁山 1396
大白山 1528
大黑山 867
大兴安岭地区
俄罗斯
内蒙古自治区
62页
中俄边境线
在这条蜿蜒千里的边境线上，拍界碑、寻野趣、观极光，抵达祖国最东端和最北端。
2076公里 9天

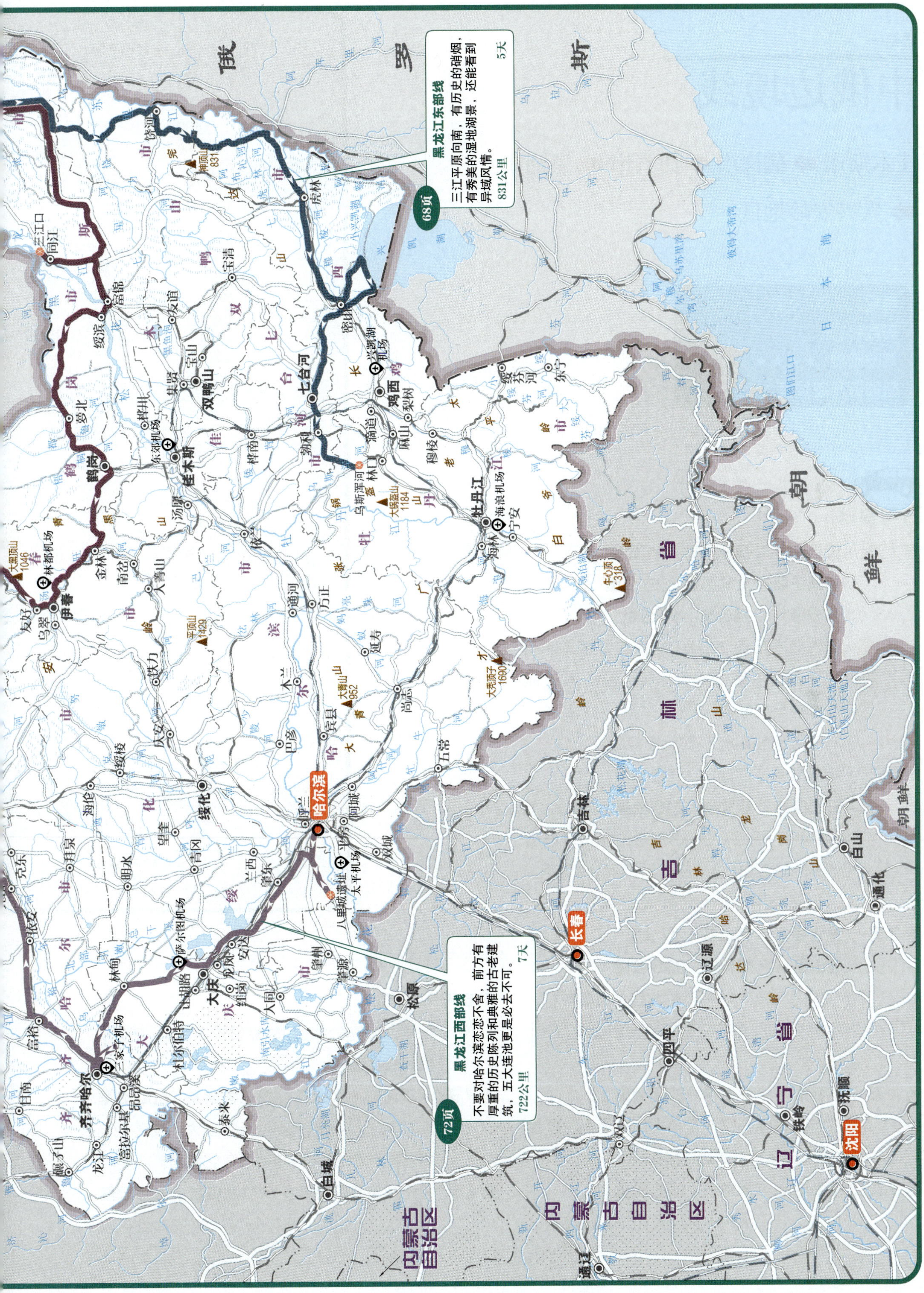
黑龙江东部线
三江平原向南，有历史的硝烟，有秀美的湿地湖景，还能看到异域风情。
831公里
5天
68页
黑龙江西部线
不要对哈尔滨恋恋不舍，前方有厚重的历史陈列和典雅的古老建筑，五大连池更是必去不可。
722公里
7天
72页
俄　罗　斯
朝鲜
吉林省
辽宁省
内蒙古自治区
哈尔滨
长春
沈阳
齐齐哈尔
大庆
绥化
佳木斯
牡丹江
鸡西
七台河
双鸭山
鹤岗
伊春
吉林

线路一

中俄边境线

佳木斯市 ➡ 鹤岗市 ➡ 伊春市 ➡ 黑河市 ➡ 大兴安岭地区

里程： 2076 公里
天数： 9 天
驾驶难度： ★★★★☆
新能源车友好度： ☆☆☆☆☆

行程安排

第 1 天 ①抚远市 ➡ ②黑瞎子岛　41 公里
②黑瞎子岛 ➡ ③乌苏镇　20 公里
③乌苏镇 ➡ ①抚远市　43 公里

从佳木斯市抚远市出发，沿抚乌公路、G102 行驶至**黑瞎子岛**。游览完毕后，沿 G102、抓乌路行驶至**乌苏镇**。游览完毕后，沿抓乌路、抚乌公路返回抚远市，在此夜宿。

第 2 天 ①抚远市 ➡ ④三江口　189 公里
④三江口 ➡ ⑤萝北县　219 公里

观赏日出后，沿 G102、G331 行驶至佳木斯市同江市的**三江口**。游览完毕后，沿哈同高速、G331 行驶至鹤岗市萝北县，在此夜宿。

第 3 天 ⑤萝北县 ➡ ⑥名山岛　26 公里
⑥名山岛 ➡ ⑦伊春市　236 公里

沿 G332、G331 行驶至萝北县**名山岛**游览，之后沿 G332、鹤伊公路行驶至伊春市，在此夜宿。

第 4 天 ⑦伊春市 ➡ ⑧茅兰沟　224 公里

沿 G222、G331 行驶至伊春市嘉荫县的**茅兰沟**，游览完毕后在周边住宿。

第 5 天 ⑧茅兰沟 ➡ ⑨黑河市　296 公里

沿 G331、吉黑高速行驶至黑河市，在此夜宿。

第 6 天 ⑨黑河市

在黑河市充分休整，感受俄式风情，可游览**中俄民族风情园**。

第 7 天 ⑨黑河市 ➡ ⑩十八站鄂伦春族乡　380 公里

沿 G331，途经呼玛县，行驶至大兴安岭地区塔河县十八站鄂伦春族乡，在此夜宿。

第 8 天 ⑩十八站鄂伦春族乡 ➡ ⑪北极村　326 公里

沿 G331、漠北公路行驶至大兴安岭地区漠

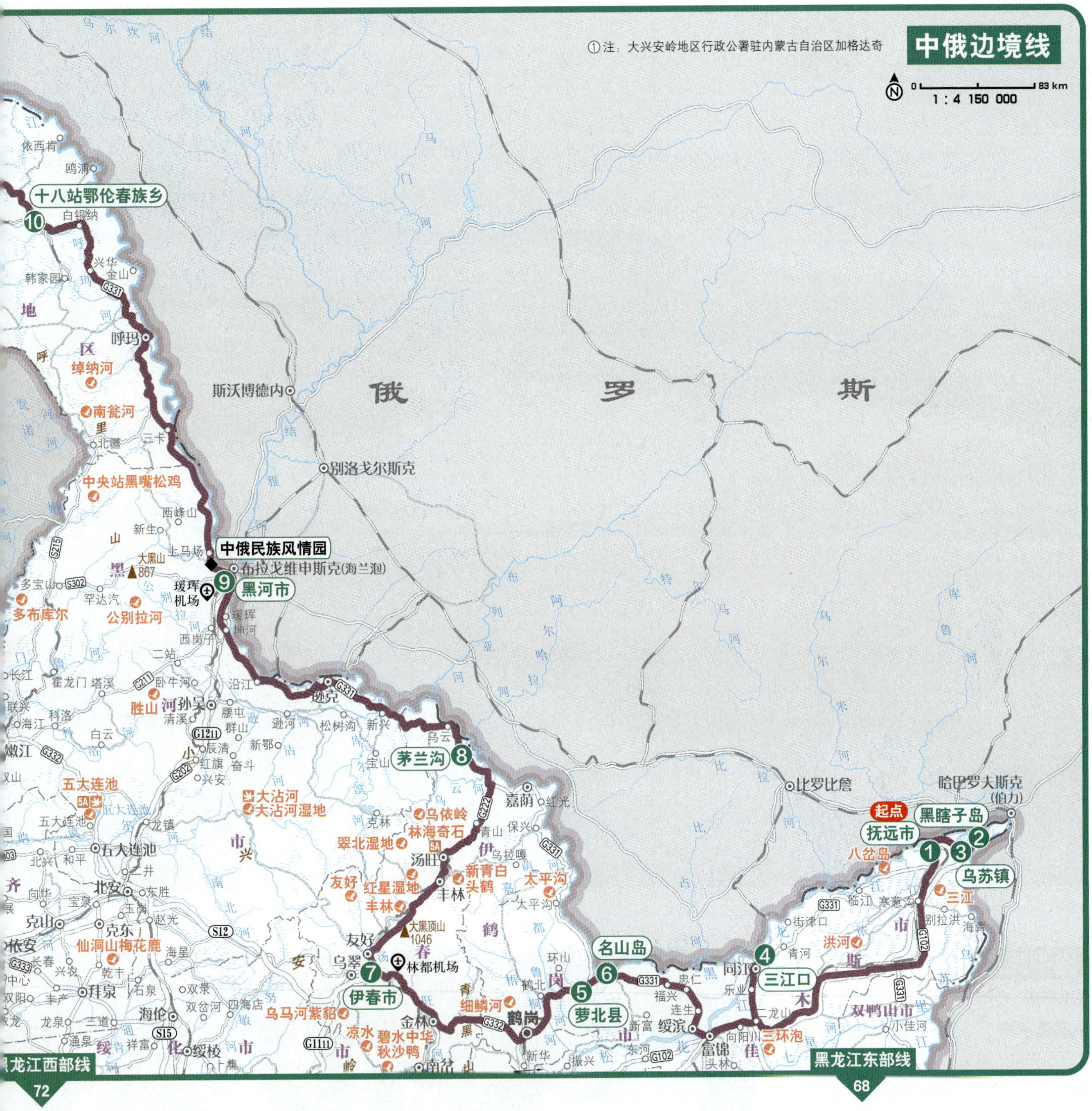

▼ 中俄民族风情园

河市**北极村**，在村中游览并夜宿。

第 9 天 ⑪北极村 ➡ ⑫漠河市 76 公里

沿漠北公路行驶至**漠河市**，可购买蓝莓、松子等土特产，结束行程。

▲ 黑瞎子岛

▼ 三江口江边广场

途中亮点

佳木斯市 0454

◆黑瞎子岛 见 63 页地图

黑瞎子岛位于黑龙江和乌苏里江的汇合处，面积约 335 平方公里。2004 年 10 月 14 日，中俄签订《中华人民共和国和俄罗斯联邦关于中俄国界东段的补充协定》，确定黑瞎子岛西半部归中国所有、东半部归俄罗斯所有。岛上的东极宝塔高 81 米，矗立在直径 171 米的圆形广场上——"171" 寓意归还中国的 171 平方公里土地。小岛南侧是湿地公园，有木栈道可供深入，徒步大圈约需 40 分钟，小圈用时减半。岛上 2017 年落成的探秘野熊园是中国最大的黑熊主题园区，生活着 120 余只黑熊。

门票：联票 145 元（含东极宝塔、湿地公园、探秘野熊园和中转车费）

营业时间：8:00—17:00

微信公众号：黑瞎子岛旅游区

◆乌苏镇

见 63 页地图

和黑瞎子岛隔着河道相望的乌苏，曾顶着“东方第一镇”的美誉，然而随着最后一户常住人家的迁出，这里只剩下哨所和非全年营业的旅店。这个哨所即是号称“中国东方第一哨”的乌苏镇哨所，有一块“我把太阳迎进祖国”的浮雕，哨兵每天都要记录日出的具体时刻。距离哨所约 4 公里处是东极广场，广场中央是“东”字雕塑，旁边还能找到中俄 260 号界碑。登上广场最东端的仿古圆亭，可以看到浑浊的黑龙江接纳了青绿的乌苏里江。

门票：免费

营业时间：全天开放

◆三江口

见 63 页地图

中俄边境的宁静小城同江，目睹了松花江的终结和重生。三江口指的是黑龙江和松花江浩浩荡荡的交汇之处：两江汇出的第三条江俗称“混同江”，实际仍为黑龙江。江水清晰地呈现出深浅两种颜色：黑龙江清澈、松花江浑浊，汇合后水势骤增，放眼望去，江面开阔，水天一色。沿着滨江步道漫步，一直向东能找到中俄 224 号界碑，也可乘快艇游江。三江口还是同三公路的起点（“三”即三亚），建于 1999 年的 0 公里起点碑上自豪地写着“路始于此，江汇于此，海通于此”。

门票：免费

营业时间：全天开放

鹤岗市 0468

◆名山岛

见 63 页地图

名山岛位于鹤岗市萝北县，外形酷似一条龙，相传黑龙江的龙王曾在此抗击白龙，后卧身于此，故此岛又称“黑龙岛”。名山岛东西长约 3500 米，南北宽约 500 米，自西向东分为水上游览区、综合游览区、别墅区、演通讲寺、园林狩猎区五大功能区。岛上土质肥沃，植被茂密，生长着桦、柳、榆、杨等多种阔叶树木，生活着狐狸、黄鼬、貂等小型杂食动物，还是众多水禽类夏候鸟的栖息地。名山岛江水环绕，林木森森，鸟鸣啁啾，野趣横生，一派质朴的自然景象。

门票：免费

营业时间：9:00—16:00

伊春市 0458

◆茅兰沟

见 63 页地图

茅兰沟国家森林公园位于伊春市嘉荫县城

▼ 茅兰沟

西60余公里处的小兴安岭林海中，园内怪石嶙峋，古木参天，保持着较完好的原始自然状态。公园的核心景区——茅兰峡谷是地层褶皱断裂而形成的构造峡谷，呈西南—东北走向，长约2公里。茅兰河穿行于峡谷之中，是流经园区的主要河流，园区内长度有16.2公里，属于黑龙江水系。受地势影响，园区发育出众多瀑布和深潭，如茅兰瀑布、黑龙潭等，除此之外，主要景区还有仙女池、太子峰、熊头峰、鸽子峰、丹凤泉等。

门票：65元

营业时间：7:00—17:00

微信公众号：走进茅兰沟国家级自然保护区

黑河市 0456

◆中俄民族风情园 见63页地图

中俄民族风情园位于黑河市市区以西9公里处，始建于2005年，是《这里的黎明静悄悄》《闯关东》《玫瑰绽放的年代》等电视剧的外景拍摄地。公园内有剧中场景的原貌，并配以大量的剧照，让这里成为带父母旅行或者拍摄俄罗斯乡村写真的佳选。除此以外，公园还拓展出鄂伦春族、达斡尔族、满族、俄罗斯族民族村等配套区域，比较醒目的建筑有鄂伦春族的传统居所——撮罗子，它是用木杆搭起来的尖顶屋，夏覆白桦树皮、挂柳条门

▼ 北极村

▲ 冬日漠河远景

帘，冬盖兽皮、挂狍皮门帘，令观者印象深刻。

门票： 40 元

营业时间： 9:00—20:00

微信公众号： 黑河市中俄民族风情园

大兴安岭地区 0457

◆北极村 见 62 页地图

北极村原名漠河村，位于大兴安岭北麓，坐落在黑龙江上游南岸，素有“不夜城”之称，是全国观赏北极光和白夜胜景的最佳观测点。从 1860 年开始，北极村就有人居住，目前全村一共生活着 2000 多人。北极村得名于一个简单的地理坐标，这里也有名号别致的最北邮局、最北雕塑、最北银行、最北餐馆等。一定要记得去圣诞邮局寄一张中国最北的明信片，并和邮局门口巨大的圣诞老人塑像合影。冬季可以坐着马爬犁在林海雪原上驰骋，欣赏江边景点。

门票： 68 元

营业时间： 全天开放

微信公众号： 北极村旅游景区

◆漠河市 见 62 页地图

漠河是大兴安岭地区下属的县级市，也是中国最北的市，北隔黑龙江，与俄罗斯的外贝加尔边疆区、阿穆尔州相望，边境线长约 242 公里。2023 年 1 月 22 日 7 时，漠河市的阿木尔镇劲涛气象站实测温度 -53℃，刷新我国有气象记载以来的历史最低气温纪录——这一新闻让漠河“冷”得深入人心，再加上亮眼的极光标签，更是点燃了无数人对于漠河的憧憬和想象。城市本身就是景点，9 月下旬可能就会迎来初雪，极寒的深冬（12 月和 1 月）以及极昼出现的夏至前后（7 月至 8 月）都是这里的旅游旺季。冬季到访可体验泼水成冰，反季旅行则有望看到 6 月漫山的野花和 9 月大兴安岭的缤纷秋色。

食宿推荐

当地美食

佳木斯市 东北烧烤、烤饼夹串、一锅肚、赫哲塔拉哈

鹤岗市 土豆炖豆角、扒肉条、酱拌豆腐、酸菜炖排骨

伊春市 杀猪菜、山蘑炖山鸡、鹿肉

黑河市 豆瓣原汁大马哈鱼、拌生鱼、苏泊汤

大兴安岭地区 笨鸡炖尖蘑、冷水鱼、酱牛肉、黏豆包

热门住宿地

抚远市 抚远站

萝北县 名山景区、宝泉岭客运站、萝北客运站

伊春市 伊美区、伊春站、友好区

嘉荫县 江边公园

黑河市 爱辉区、中央商业步行街商圈、黑河站

漠河市 西林吉镇

线路二

黑龙江东部线

佳木斯市 ➡ 双鸭山市 ➡ 鸡西市 ➡ 七台河市

里程： 831 公里
天数： 5 天
驾驶难度： ★★★☆☆
新能源车友好度： ★☆☆☆☆

行程安排

第 1 天 ①抚远市 ➡ ②饶河县 214 公里

从佳木斯市抚远市出发，沿 G102、G331 行驶至双鸭山市饶河县，游览**四排赫哲族风情园**，在饶河县夜宿。

第 2 天 ②饶河县 ➡ ③珍宝岛 86 公里
③珍宝岛 ➡ ④虎头镇 91 公里

沿 G229、G331 行驶至鸡西市虎林市的**珍宝岛**。游览完毕后，沿 G331 行驶至虎头镇，参观**侵华日军虎头要塞遗址博物馆**后夜宿镇上。

第 3 天 ④虎头镇 ➡ ⑤兴凯湖湿地公园 203 公里
⑤兴凯湖湿地公园 ➡ ⑥当壁镇 31 公里

沿 G331、建鸡高速、依兴高速行驶至**兴凯湖湿地公园**游览，然后沿 Y413 行驶至当壁镇，顺便参观**北大荒开发建设纪念馆**，夜宿镇上。

第 4 天 ⑥当壁镇 ➡ ⑦石龙山 108 公里
⑦石龙山 ➡ ⑧七台河市 34 公里

沿 G501、X014 行驶至七台河市茄子河区的**石龙山**。游览完毕后，沿 X104 行驶至七台河市市区，在此夜宿。

第 5 天 ⑧七台河市 ➡ ⑨乌斯浑河 64 公里

沿迎宾大道、G229 行驶至七台河市勃利县的**乌斯浑河**游览，可购买勃利县特产蓝靛果酒。至此结束行程。

▼ 珍宝岛

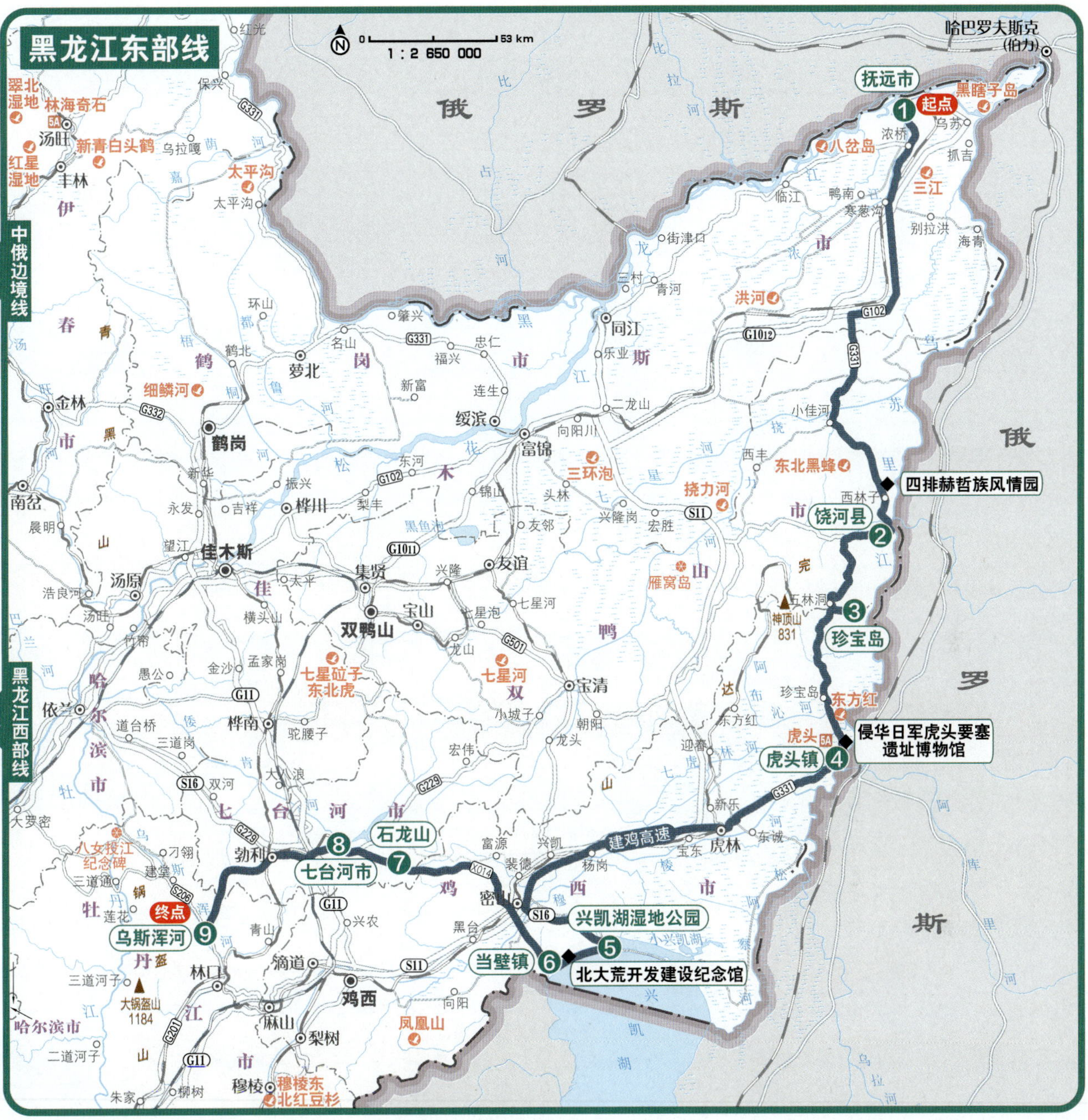

途中亮点

双鸭山市　0469

◆四排赫哲族风情园　见69页地图

四排赫哲族风情园于2001年7月正式对外开放，是一座体现赫哲族生产生活和传统文化的民族精品园林。景区占地约1.1万平方米，主体建筑有图腾柱、文史馆、民俗馆、传统民居、望江亭、神祠和民族工艺品坊等。其中，文史馆突出展示赫哲民族的发展历程；民俗馆陈列着数十件赫哲族鱼皮衣、渔具、桦树皮制品及木雕工艺品等，展现了赫哲族生产生活场景和民俗风情。在景区内，还可以饱览乌苏里江的秀丽风光，欣赏赫哲族传统舞蹈和体育项目，并听上一曲赫哲说唱“伊玛堪”。

门票：20元

营业时间：9:00—17:00

鸡西市　0467

◆珍宝岛　见69页地图

珍宝岛的满语“古斯库瓦郎”意为“军队营盘”，它位于黑龙江支流乌苏里江主航道一侧。珍宝岛因状如元宝而得名，因1969年3月的珍宝岛自卫反击战而闻名。咸丰十年（1860年），清朝和沙俄签署《中俄北京条约》，中俄以乌苏里江为界，由于珍宝岛位于界河之上，其归属在整个20世纪一直没有定论，直到20世纪90年代，俄罗斯才承认珍宝岛属于中国。如今珍宝岛长年驻军，需要和旅行社提前联系才能登岛。岛上绿树掩映，山水相依，清静幽雅，栽种着纪念当年战斗英雄的“英雄树”。

门票：船费50元

营业时间：需经旅行社提前联系

◆侵华日军虎头要塞遗址博物馆　见69页地图

侵华日军虎头要塞遗址博物馆位于虎林市虎头镇西北，是展示侵华日军罪证的专题博物馆。1934年至1939年，侵华日军为了长期霸占中国并防御苏联，强迫数十万中国劳工秘密修筑了虎头要塞，号称“东方马其诺防线”。博物馆翔实地追述了那段饱含血泪的苦难史。看完两层展览，随之步入的

▲ 兴凯湖湿地公园

虎东山地下工事遗址才是重点：进入阴冷如蚁穴的地下甬道，能看到当时的弹药库、发电所、士兵宿舍和浴池。从工事走出，有一座小山坡通向苏联红军纪念碑，当地人称"小白塔"，基座上用俄语写着：光荣归于苏联斯大林将军。

门票： 免费

营业时间： 8:00—19:00

微信公众号： 侵华日军虎头要塞博物馆

◆兴凯湖湿地公园 见 69 页地图

兴凯湖位于密山市东南部，是中俄界湖，由大、小兴凯湖组成：大兴凯湖北部和小兴凯湖属于中国，大兴凯湖南部属于俄罗斯。兴凯湖湿地公园位于小兴凯湖畔，3 公里长的水上栈道弯弯曲曲，串起一座座造型各异的观景亭。睡莲、芡实、小叶章、菱角、芦苇等水生植物随波摇荡，燕鸥、鸬鹚、苍鹭、绿头鸭、鸳鸯等水禽啾鸣不绝。公园有两个入口：西侧入口离湖岗更近，兴凯湖博物馆也在门外；北侧入口位于水产养殖场深处，距离县道约 2 公里。

门票： 39 元

营业时间： 全天开放

微信公众号： 兴凯湖旅游度假区

◆北大荒开发建设纪念馆 见 69 页地图

北大荒开发建设纪念馆坐落在兴凯湖旅游度假区内。它南临兴凯湖，北依完达山脉，依山傍水，视野开阔。纪念馆始建于 1993 年，2011 年经过扩建和布展后，馆舍面积由 604 平方米增加到 1070 平方米，2018 年再次进行改陈。纪念馆由 1 个正厅和 5 个展厅组成，通过 1000 余件文物和图片，展现以王震将军为首的北大荒英雄群体开发建设北大荒的历史进程与功绩。馆内设有将军林、将军石、开发北大荒纪念碑碑址、下乡知青巨型石雕等，帮助游客更好地回顾建设者们那段无私奉献的岁月。

▲ 兴凯湖畔的木屋

门票： 免费

营业时间： 8:00—16:00，周一闭馆

微信公众号： 北大荒开发建设纪念馆

七台河市 0464

◆石龙山

见 69 页地图

石龙山国家森林公园位于七台河市茄子河区铁山乡境内，地处完达山的余脉。公园内低山丘陵起伏纵横，是一处集自然景观、人文景观于一体的森林旅游度假区。森林公园面积约 63 平方公里，分为石龙峰景区、石龙湖景区和生态园景区 3 部分。石龙峰景区适合徒步登山，观赏参天古树，海拔近 750 米的石龙峰为景区最高峰，登顶可观赏市区全貌，如果有时间还可以参观抗联遗址。石龙湖景区内有万佛寺，可一并游览，了解传统宗教文化。生态园景区提供绿色餐饮，可乘船观赏热带鱼，体验漂流。

门票： 15 元

营业时间： 全天开放

◆乌斯浑河

见 69 页地图

乌斯浑河国家森林公园俗称西大圈国家森林公园，地处勃利县西南部，距县城 25 公里。景区共分为 5 部分，其中洪峡谷漂流景区全长 5 公里，河道磐石错落、蜿蜒曲折；卧龙峰景区中的峰脊由高大岩石组成，像一条长龙卧于山上；原始生态林景区面积近 1 平方公里，景区内生长着水曲柳、胡桃楸、黄檗等树木，构建出一处天然大氧吧；水上乐园景区有高山石洞、流水拱桥、亭台长廊及多种游乐设施；此外还有溪水园和云雾山庄服务景区。

门票： 20 元

营业时间： 全天开放

食宿推荐

当地美食

佳木斯市 东北烧烤、烤饼夹串、一锅肚、赫哲塔拉哈

双鸭山市 榛蘑、紫梅酒、宝清红小豆、五香酱驴肉、黑豆果

鸡西市 辣菜、冷面、兴凯湖大白鱼、兴凯湖白虾

七台河市 酸菜炖五花肉、酱肘子、葱扒鸡

热门住宿地

饶河县 四排赫哲族风情园

虎林市 虎林站

当壁镇 兴凯湖湿地公园

七台河市 桃山区、茄子河区、新兴区

线路三

黑龙江西部线

哈尔滨市 ➡ 绥化市 ➡ 大庆市 ➡ 齐齐哈尔市 ➡ 黑河市

里程: 722 公里
天数: 7 天
驾驶难度: ★★★☆☆
新能源车友好度: ★★★☆☆

行程安排

第 1 天 ①哈尔滨市

在哈尔滨停留一天，游览道里区的**中央大街**、**圣·索菲亚教堂**，以及松北区的**哈尔滨冰雪大世界**等景点，夜宿哈尔滨。

第 2 天 ①哈尔滨市 ➡ ②八里城遗址　72 公里
②八里城遗址 ➡ ③大庆市　146 公里

沿哈肇高速、X174 行驶至绥化市肇东市的**八里城遗址**。游览完毕后，沿 X174、绥满高速行驶至大庆市，在此夜宿。

第 3 天 ③大庆市 ➡ ④齐齐哈尔市　164 公里

游览萨尔图区的**大庆油田历史陈列馆**、让胡路区的**铁人王进喜纪念馆**后，沿大广高速、绥满高速行驶至齐齐哈尔市，在此夜宿。

第 4 天 ④齐齐哈尔市 ➡ ⑤扎龙　33 公里

游览建华区的**卜奎清真寺**、**齐齐哈尔博物馆**，以及龙沙区的**龙沙公园**等景点。然后沿中华路、齐扎公路行驶至铁锋区的**扎龙**，夜宿景区。

第 5 天 ⑤扎龙 ➡ ⑥五大连池　307 公里

沿双嫩高速、伊齐高速行驶至黑河市**五大连池**，一天时间不足以充分游览，建议在景区内住宿。

第 6—7 天 ⑥五大连池

继续游览五大连池，游览完毕后结束行程。

▼ 圣·索菲亚教堂

黑龙江省

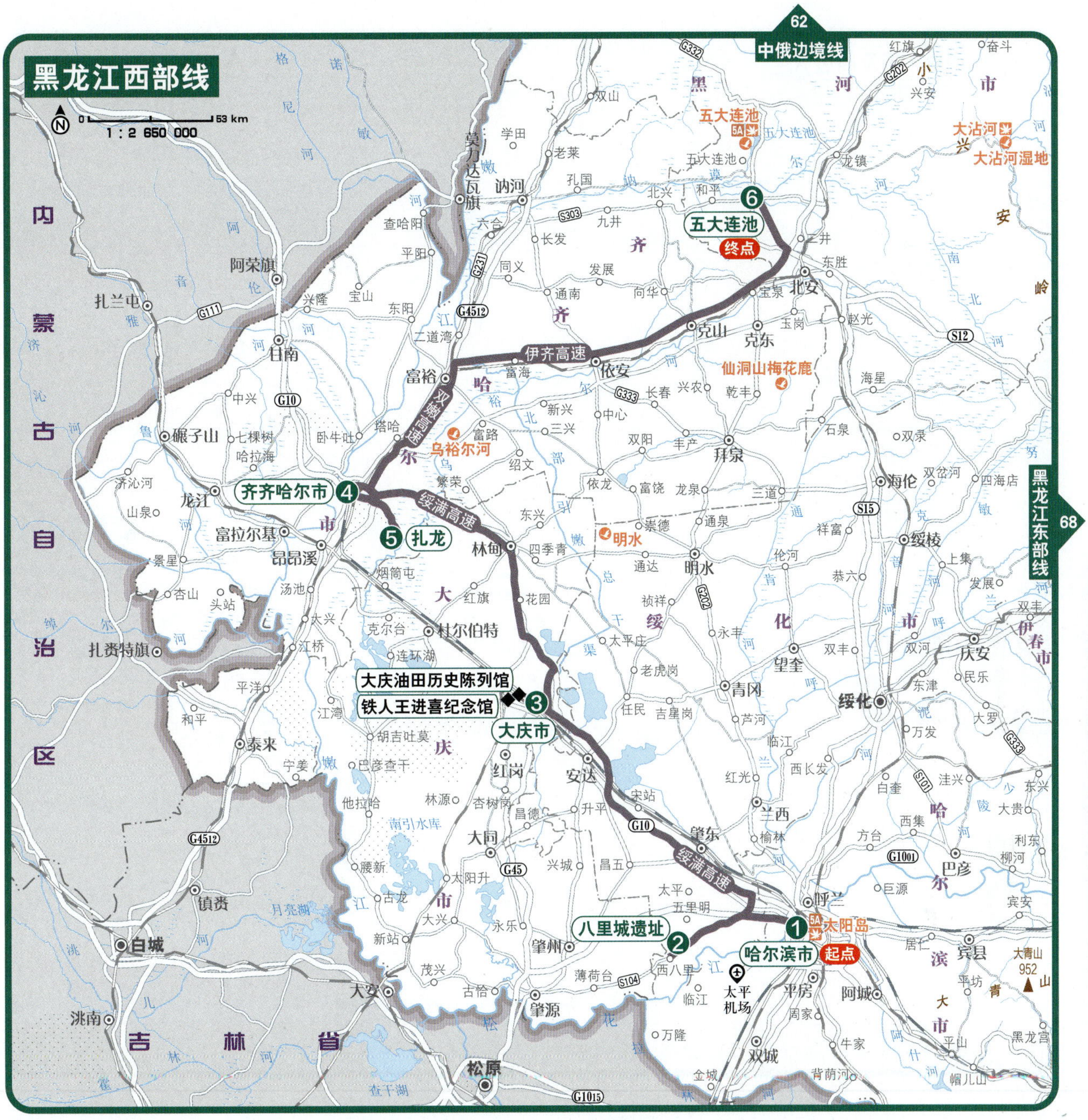

途中亮点

哈尔滨市 0451

◆中央大街 见 74 页地图

中央大街是哈尔滨的中心街区，也是这座城市的心脏。街道始建于清光绪二十四年（1898 年），最初叫“中国大街”，因修筑中东铁路的中国劳工在此居住而得名。光绪三十三年（1907 年）哈尔滨正式开埠通商，俄国的犹太商人在这里开设了秋林、马迭尔等第一批商号，此后各个国家的侨民也纷纷带着各自的洋货入驻了这条商业街。1928 年，中国大街改称中央大街，1997 年，又改造为步行街。如今这里繁华依旧，保留着 61 栋各类历史保护建筑，其中还有几家年头很久、味道正宗的俄罗斯餐厅。

门票：免费

营业时间：全天开放

微信公众号：哈尔滨中央大街

◆圣·索菲亚教堂 见 74 页地图

圣·索菲亚教堂是哈尔滨的地标建筑，也是非常精美的历史建筑。教堂于 1932 年建成，成为远东地区规模最大的东正教堂，之后被停用改为仓库，直到 1997 年才修复成了现在的样貌。教堂通高 53.35 米，占地 721 平方米，4 个楼层之间有楼梯相连。如今教堂内部只剩下斑驳的墙绘和复原的吊灯，另外，还设置了哈尔滨市建筑艺术博物馆，图文并茂地介绍了哈尔滨有趣的历史建筑。教堂广场时常上演各种演出，包括管弦乐队表演，夜里亮灯时，整个广场非常漂亮。

门票：15 元

营业时间：周二至周日 8:30—17:00，周一不开放

微信公众号：哈尔滨市建筑艺术馆

◆哈尔滨冰雪大世界 见 74 页地图

冰雪大世界于 1999 年开放，是哈尔滨市政府为迎接千年庆典神州世纪游活动而推出的大型冰雪艺术工程，如今已经成为深受当地人和游客喜爱的冬季游乐场所。2016 年，哈尔滨新建了冰雪大世界室内场馆，让人们一年四季都可以感受冰雪世界的趣

▼ 哈尔滨冰雪大世界

味。室内场馆以充满童话色彩的大型冰雕为主，分为俄罗斯城堡、疯狂动物城、极地探险等主题区域，还有冰滑梯、冰上碰碰车等娱乐项目。室外冰雪大世界在每年 12 月 21 日前后开园，届时会有更为壮观庞大的“冰城”。

门票： 200 元

营业时间： 12 月至次年 2 月开放室外，具体日期每年不同

微信公众号： 哈尔滨冰雪大世界

绥化市 0455

◆八里城遗址 见 73 页地图

这座金代遗址因城的周长近八华里，俗称八里城。在黑龙江省内已发现的古建筑中，它是保存较完整的一座，在全国范围内的

金代城池中也算是保存较完好的。城壕南边较宽较深，深约7米，上门宽23.5米，底宽在5—6米；西壕较浅，深约4米。城壕外有一道环护全城的土堤，高出地面1—1.5米，宽12米左右。壕底与壕墙之间长满了杨、柳、榆等树木，城墙两侧、城壕上下也覆盖着植被。每逢夏秋，八里城的城墙上下、城壕内外，绿树成荫，成为蝶花相戏、燕雀争鸣的所在。

门票：免费

营业时间：8:00—17:00

大庆市 0459

◆大庆油田历史陈列馆 见73页地图

1959年9月26日，大庆油田3号探井喷油，由于正值中华人民共和国成立十周年大庆，油田由此得名。历史陈列馆位于大庆市萨尔图区中七路，2006年9月建成开馆，它是中国第一个以石油工业为题材的原址性纪念馆，前身是大庆石油会战指挥部旧址"二号院"。大庆油田历史陈列馆分为"岁月·大庆""松辽惊雷·油出大庆""艰苦创业·光辉历程""大庆赤子·油田脊梁""大庆精神·民族之魂"等八大部分，采用编年体和专题式有机结合的方式，全面展示了大庆油田47年的辉煌发展历程。如果对大庆的石油历史感兴趣，一定不要错过这里。

门票：免费

营业时间：周二至周日9:00—16:30，周一闭馆

微信公众号：大庆油田历史陈列馆

◆铁人王进喜纪念馆 见73页地图

铁人王进喜纪念馆在2006年9月26日大庆油田发现47周年纪念日正式开馆，是我国第一座工人纪念馆。它是为纪念中国工人阶级的先锋战士——铁人王进喜而修建的，前身为"铁人王进喜同志英雄事迹陈列室"。1960年，王进喜率1262（后改为1205）钻井队到大庆参加石油会战，成功打出会战后的第一口油井。雕塑《崛起》《奋进》《五把铁锹闹革命》错落有致地矗立于馆区。馆内用九个部分展示了王进喜的生平事迹，以及他毕生体现出的大庆精神、铁人精神。

门票：免费

营业时间：周二至周日9:00—16:30，周一闭馆

微信公众号：铁人王进喜纪念馆

齐齐哈尔市 0452

◆卜奎清真寺 见76页地图

见证了齐齐哈尔历史的卜奎清真寺是黑龙江省规模最大、历史最悠久的清真寺，遗存中能看出浓郁的东方民族特色和伊斯兰教的融合。清真寺分东西二寺，东寺由伊斯兰教格底目派穆斯林于清康熙二十三年（1684年）始建，初为5间草房，随后不断维修扩建，才具现在规模；西寺由伊斯兰教哲合林耶派穆斯林于清咸丰二年（1852年）建成。两寺均由大殿、窑殿和对厅构成。东寺保存得更完整，其精彩之处全在大殿的屋梁以上：宽阔的卷棚式庑廊，飞檐舒展地向上翘起，檐下斗拱呈数重龙爪菊样式，精美繁复。

门票：6元

营业时间：8:00—17:00

◆齐齐哈尔博物馆 见76页地图

齐齐哈尔博物馆整体建筑风格为仿古式，是黑龙江省内规模较大、展品较丰富的博物馆。馆藏文物大部分是新石器时代细石

▼ 卜奎清真寺

器生产工具及细石器文化独有的复合工具，并且类型体系完整，形制精美。三楼的嫩江文明展厅非常值得一看，你能在这里详细了解嫩江流域与中原地区迥异的文化源流，学习昂昂溪文化遗址、嫩江流域原始居民的墓葬习俗，参观巨大的辽塔塔基复制品、巍峨的金长城场景再现，以及卜奎大街解放门市场曾经的样貌。

门票：免费

营业时间：周二至周日 9:00—18:00，周一闭馆

微信公众号：齐齐哈尔市博物馆

◆龙沙公园

见 76 页地图

建于光绪三十三年（1907 年）的龙沙公园是清政府营造最早的官办公园。每年 1 月至 2 月的隆冬时节，公园都会举办盛大的冰灯会，其余时间你可以来此漫步，融入齐齐哈尔市民的休闲生活。公园里的历史印记众多，位于劳动湖东岸的望江楼是公园的中心，可登楼赏嫩江碧波；著名的万卷阁被称作"塞北藏珍第一楼"，曾是黑龙江省图书馆；继续南行，关帝庙和寿公祠（为纪念

▼ 龙沙公园

▲五大连池

抗俄民族英雄袁寿山而建）则是两座保存完好的园中园。公园里还栽种着上百株榆树，大者需三人合抱。

门票：免费

营业时间：7:00—22:00

微信公众号：龙沙公园

◆扎龙

见73页地图

扎龙国家级自然保护区位于齐齐哈尔市东南部松嫩平原、乌裕尔河下游的湖沼苇草地带，是我国以鹤类等大型水禽为主的珍稀水禽分布区，也是世界上最大的丹顶鹤繁殖地，于1992年被列入《国际重要湿地名录》。景区内湖泽密布、苇草丛生，是丹顶鹤等水禽栖息繁衍的天然乐园。每年夏天是观鹤的最佳时节，此时这里栖息着数量众多的丹顶鹤。需要注意的是，丹顶鹤并不温柔，它们不怕人，甚至还有些凶悍，所以尽量不要过于靠近或抚摸它们。

门票：75元（含电瓶车）

营业时间：8:00—17:00

微信公众号：中国扎龙生态旅游区

黑河市 0456

◆五大连池

见73页地图

五大连池风景区位于五大连池市，距市区18公里，地处小兴安岭山地向松嫩平原过渡的地带。五大连池指的是莲花湖、燕山湖、白龙湖、鹤鸣湖、如意湖组成的串珠状湖群，5座湖全都是火山堰塞湖，周围耸立着14座新老期火山群峰，被科学家喻为“天然火山博物馆”和“打开的火山教科书”。五大连池有一系列保存完好的火山地貌，其中最著名的是盾状火山结构、火山岩渣锥体，以及形式丰富并且保存完好的熔岩流。五大连池的泉水也很出名，可以去尝尝当地人常喝的二龙泉。

门票：联票240元

营业时间：5月1日至9月30日8:00—17:00，10月1日至次年4月30日8:30—16:00

微信公众号：五大连池旅游

食宿推荐

当地美食

哈尔滨市 哈尔滨红肠、锅包肉、人列巴

绥化市 庆安大米、兰西西瓜、明水开口笑

大庆市 坑烤、扒鸡、全鱼宴

齐齐哈尔市 炸田鸡腿、北大仓酒、克东腐乳

黑河市 豆瓣原汁大马哈鱼、拌生鱼、苏泊汤

热门住宿地

哈尔滨市 中央大街、果戈里大街、哈尔滨站

大庆市 世纪大道、工业小区西湖街、银座步行街

齐齐哈尔市 齐齐哈尔站、龙沙区

我的线路

笔 记

笔记

图书在版编目（CIP）数据

辽宁 吉林 黑龙江 / “中国自驾游”编写组编写
. — 北京 : 中国地图出版社，2024.1
(中国自驾游)
ISBN 978-7-5204-3930-5

Ⅰ. ①辽… Ⅱ. ①中… Ⅲ. ①旅游指南－辽宁②旅游指南－吉林③旅游指南－黑龙江省 Ⅳ. ① K928.93

中国国家版本馆 CIP 数据核字 (2024) 第 020000 号

项目统筹 | 于佳宁
责任编辑 | 田 越
编 辑 | 李潇楠 李偲涵 于佳宁 喻 乐 叶思婧
地图编辑 | 田 越 张晓棠
地图制作 | 王宏亮 何 苗
封面设计 | 李小棠
版式设计 | 王愔嫣
责任印制 | 苑志强
排 版 | 风尚境界

中国自驾游·辽宁 吉林 黑龙江
ZHONGGUO ZIJIA YOU · LIAONING JILIN HEILONGJIANG

出版发行 中国地图出版社
社 址 北京市西城区白纸坊西街3号
邮政编码 100054
网 址 www.sinomaps.com
印 刷 北京盛通印刷股份有限公司
经 销 新华书店
成品规格 210mm×297mm
印 张 5
版 次 2024年1月第1版
印 次 2024年1月北京第1次印刷
定 价 19.90元

书 号 ISBN 978-7-5204-3930-5
审 图 号 GS京(2024)0003号

咨询电话：010-83543940（编辑），010-83543933（印装），010-83543958（销售）
本书图片由视觉中国提供。